「人と話すのが疲れる」がなくなる

# ストレス0《ゼロ》の雑談

精神科医・産業医
井上智介

SB Creative

話題が見つからない
会話が続かなくて気まずい
沈黙になるのが怖い
初対面はいつも緊張する
相手の話を広げられない
発言するとなぜか空気が悪くなる
うまく自分の話ができない

そんな、「**雑談のストレス**」
に悩むあなたへ。

# はじめに

もうこれからは、「何を話せばいいのだろう……」とドキドキして、手に汗を握るような緊張を感じる必要はありません。

普段からたくさんの話題をストックしたり、話し上手な人の真似をしたりする必要もありません。

こう聞くと、少し驚かれるかもしれませんね。

本書は、雑談を盛り上げるテクニックや、100個のネタをまとめた本ではありません。

**「ストレスを感じない雑談の方法」**を書いた本です。

本書を手にしているあなたは、

「軽い雑談ができないから、営業の仕事がしんどい……」

「休憩中の会話が弾まなくて、職場で打ち解けられない……」

「○○さんみたいにコミュ力が高くないから、人間関係が希薄……」

などの悩みを抱えているのではないでしょうか。

その悩みを少しでも解消しようと思って、様々な本やインターネット上の記事から、使えそうなテクニックを学んできたかもしれません。

しかし、結局本番では頭が真っ白になって、うまく雑談することができなかった経験もあるでしょう。

何度もこのような経験をすると、ガックリと肩を落としたり、そんな自分にイライラしたりで、自信を持つこともできなくなりますよね。

でも、安心してください。本書には、**今までのあなたの悩みを解消するコツがたくさん詰まっています。**

今後は、雑談が必要な場面で臆することも、うまくいかなくて悲しい気持ちになることもなくなります。毎日ノビノビと過ごしていくことができるようになるのです。

申し遅れました、私は精神科医で産業医の井上智介と申します。現在は精神科医として外来をこなすだけではなく、産業医として月に40社以上の企業を訪問して、たくさんの悩める人の相談にのっています。

その中で、雑談がうまくできないせいで、職場での関係性がうまくいかず、ストレスを抱えている人と出会うことも少なくありません。

そのような人間関係に悩む人に、**ストレスを抱えることなくスムーズに雑談ができる方法**をお伝えしたいと思い、本書を執筆しました。

ただ、おそらく、あなたが今まで調べてきた方法とは違う切り口も多いかもしれません。それは、私が精神科医であり、コミュニケーションのプロではないからです。

たしかに、雑談はコミュニケーションの一種です。しかし、そのコミュニケーションは、**「技術」ではなく「人の心」が土台になっていることを忘れてはいけません。**今まで、たくさんのテクニックを学んでも悩みが解消されなかったのは、「木を見て森を見ず」の状態になっていたからなのです。

普段から人の心を扱っている私だからこそ、目新しいメソッドをたくさんお伝えできると自負しております。そのため、本書で伝える方法は、精神科医としての経験をベースにまとめました。

もちろん、少し雑談が上手になったからといって、すぐに異性からバンバン好意を寄せられたり、仕事の効率が一気に上がったりするような劇的な変化はないでしょう。
しかし、毎日チクチクと心を刺激してくるストレスから解放されるだけでも、十分素晴らしい変化ではないでしょうか。

「今日も初対面の人と会う予定があるなぁ、いやだなぁ……」
「人とたくさん話したから、一気に疲れが溜まったなぁ……」

そんな悩みがなくなるだけで、**あなたは今よりも生きやすくなるはずです。**

今回、本書で紹介する雑談のコツは、精神医学や心理学を専門とする者の間でも使われる切り口です。実際に、病院などで活躍するカウンセラーも、こっそり活用しています。
これらの専門的なコツの中から、効果を実感しやすい方法を中心にまとめました。そして、どんな立場の人でも日常生活で使えるように、アレンジをして紹介しています。

本書によって、雑談に対するイメージがガラッと変わり、モヤがかかっていた視界がパッと開けるはずです。

雑談を通して、相手だけではなく、あなた自身も、幸福を感じられる新しい世界があることを、ぜひ確かめてください。

井上智介

CONTENTS

「人と話すのが疲れる」がなくなる　ストレス0の雑談



ステップ0

# ストレスを生み出す雑談の誤解

ステップ 1

# ストレスを感じない雑談の目的

ステップ 2

## 雑談に必要不可欠な自己開示



ステップ 3

## 会話がとぎれるストレスがなくなる話題

ステップ

4

# 自分も相手もストレスを感じない聞き方

ステップ 5

# 積み上げた信頼を崩さない話し方

ストレスを生み出す

# 雑談の誤解

ステップ0

# 雑談はしなくてもいい

## ほんとに悩む必要ありますか?

本書を手に取ってくださったあなたは、おそらく、雑談に苦い思い出があるのでしょう。

私は精神科医や産業医の立場で、多くの人の悩みを聞いてきました。

その中でも、次のような相談をよくいただきます。

「どこの部署に異動しても、会話が続かないから、うまく馴染めず職場に居場所がありません」

「営業の仕事で、盛り上げようと雑談をすると、
いつもとんでもない空気になって、仕事がストレスです」

これらの人に共通しているのは、「雑談が苦手」と思っていることです。

あなたも、初対面の人と会話を始めたものの、二言くらいで終了してしまって、そのあとに沈黙が続いたことがあるのではないでしょうか。

通勤中に接点が少ない先輩社員と駅で出会ってしまい、会社に到着するまで、気まずい雰囲気だった経験もあるのではないでしょうか。


このような、知り合いと2人きりになる場面に遭遇したとき、あなたは無意識に「雑談をしなければ」と考えていたのだと思います。

よく会社員の方から「エレベーターで、普段あまり接点のない会社の人と会ったとき、どのような話をすればいいですか？」という質問をされます。

私の回答は、**「雑談は無理にしなくていい」**ということです。

雑談を得意にしたくて本書を読んでいる人は、少し驚いたでしょうか。あなたの内側に「なんか口では表現しにくいけど、話しにくいなぁ」という気持ちがあるときは、無理しないほうがいいのです。その理由は、心理学の観点から考えると明らかです。

## 「なんか話しにくいなぁ」は伝染する

じつは、プレッシャーを感じた中で繰り広げられた雑談は、相手にネガティブな印象を与えてしまうメカニズムがあります。

あなたは、何か不安を感じたとき「やばい、不安がバレてるかも」と思い、余計に不安を増幅させてしまった経験はありませんか。これは、事実かどうかは別として、自分の心の中を読まれていると思い込む、**「透明性錯覚」**という現象です。
すると、次に起こるのは**「情動伝染」**という現象です。赤ちゃんが笑っている姿を見ると、つい頬が緩んでしまいますよね。また、悲しそうな人を見ると、自分まで悲しい気持ちになってしまうことがあります。このように、人の感情は音さのように共鳴を起こしていきます。

つまり、もともとあなたの不安や緊張が伝わっていなかったとしても、「不安が伝わっているかも」という思い込みで余計に不安が増してしまい、そのせいで本当に相手へ伝わってしまうのです。

このメカニズムから考えると、「話しにくいなぁ」とネガティブな感情を抱いているときに、無理して雑談をすると、そのネガティブな感情を相手に伝えることになります。よかれと思ったコミュニケーションが、関係を悪化させる可能性があるということです。

# 雑談は「得意」にならなくてもいい

## その雑談のイメージ、キケンかも？

そもそも、みなさんを悩ませている雑談って何なのでしょうか。
とある辞書で「雑談」という言葉を調べてみると、次のように記載されていました。

「さまざまな内容のことを気楽に話すこと。
また、その話。とりとめのない話」

たしかに雑談といえば、

- 他愛のない会話
- 盛り上がる会話
- 幅広い知識が必要な会話

このようなイメージを持っている人が多いと思います。

結論からお話しすると、**その思い込みはすべてストレスの原因です。**

今まであなたが、雑談に対してこれらのようなイメージを持っていたなら、あらゆる場面でとても苦しんできたことでしょう。

たとえば、「他愛のない会話」というのは、別の表現をすると**「目的がない会話」**になります。ある意味つかみどころがなく、いつも会話の終着点が行き当たりばったりになるということです。

つまり、相手や状況が変わるごとに、頭をフル回転させて、臨機応変に対応しなければいけません。どのように話を広げたらいいのか、終わらせればいいのか、そんな悩みばかり出てきて、疲弊してしまいます。

また、お笑い芸人のような、完璧なフリとオチがある「盛り上がる会話」をイメージする人もいるようです。テレビで見る芸人のトークは、**しゃべりのプロだからこそできる話芸であり〝芸術〟です。**芸術を見様見真似で取り入れてもうまくいかず、そこには違和感しか生まれません。

「幅広い知識が必要な会話」については、たしかに、相手に合わせて話題を振ることができたら、話は広がっていくでしょう。

しかし当然ながら、**ありとあらゆるジャンルの知識を持っておくことは容易ではありません。**知識量を雑談の切り札にしてしまうと、知らないテーマが話題にのぼったときに、どう対応したらいいのかわからなくなってしまいます。

## 「雑談が苦手」は欠点じゃない

もしかしたら、これらの雑談のイメージは、あなたの周りにいる「雑談が上手な人」を思い浮かべて出てきたものかもしれませんね。

おそらく、そのような人はもともと、臨機応変に対応する力やコミュニケーション力に長けているのだと思います。

もしもあなたが「雑談が苦手」と悩んでいるなら、そのような雑談上手な人を参考にするのは、少し危険です。人の得意分野を真似しようとしても、「あの人はできているのに……」と感じる経験ばかり増えて、余計に苦手意識を助長してしまいかねません。

人間はどんな人であっても、得意不得意があります。

それなのに、昔からの教育などによって、「すべて平均点以上を目指すことがいい」と思い込みやすくなっているのです。

ただ、実際に社会に出ると、常に「すべて平均点」なことが評価されるわけではありませんよね。苦手なことがあっても、得意なことが突出していると評価されたり、過ごしやすい環境を求めやすかったりします。

雑談も同じです。得意な人はその能力を活かせる場所へ行けばいいし、苦手な人は、ほかの得意なことを活かしたほうが生きやすいはず。

**「雑談が苦手」はあなたの特徴であり、欠点ではありません。** 周りの人と比べて「私も得意にならないと……」と焦る必要はないのです。

# 「ストレス0の雑談」のメリット

## 「信頼」と「情報」を得る

ここまでお伝えしたように、そもそも雑談は「しなければならないもの」ではないのです。

では、日々の中で、雑談の機会をなくすのがいいのかというと、私はそう思いません。なぜなら、**プレッシャーを感じないリラックスした雑談であれば、多くのメリットを得られるからです。**実際、私も仕事では積極的に雑談をするようにして、その恩恵を受けています。

まず雑談のメリットとして挙げられるのは、**相手との距離感を近づけられる**

ことです。雑談をきっかけにして、お互いの人柄がわかり、信頼関係が生まれることはよくありますよね。

さらに、雑談によってちょっとした**情報交換**ができます。今まであなたが知らなかった世界を堪能したり、考え方に触れたりすることで、知的好奇心が満たされることもあります。仕事の新しいアイデアにつながることもあるでしょう。

## ストレスを解消する「薬」にする

これらのような、人間関係や情報のメリットだけではありません。ストレスを感じない雑談は、あなたの心にもいい影響を与えてくれます。

雑談は、カタルシスといった「心の浄化作用」を持っています。職場であれば、仕事とは関係のない雑談がガス抜きになって、頭を休ませることができるのです。

あなたにとってストレスのもとである雑談も、うまく使えば、日々のストレス解消につなげることができます。

これは個人単位の話ではありません。雑談によって、職場全体の活性化度合いや幸福感が高まることもわかっています。最近は、在宅勤務やテレワークに伴うオンライン上でのやり取りが増えたぶん、雑談する機会が一気に減ったという人も少なくありません。その影響もあり、ストレスをうまく発散することができず、しんどさを抱え込んでいる人が増えています。このことからも、雑談をするメリットがあることは明らかです。

このように、「ストレス0の雑談」は、私たちの日々に大きな効果を与えてくれるのです。

決して得意になる必要はありません。まずは本書で、雑談を**「ストレスを生み出す毒」**から**「ストレスを解消する薬」**にしていきましょう。

## 本書の5つのステップ

雑談にストレスを感じないようになるには、5つのステップを順に踏んで、ポイントをおさえていくことが重要です。本書は、そのステップ順に構成されています。

まず1つ目は**「目的」**の設定です。何かを学んだり、トレーニングしたりするときは、途中で迷わないための道しるべが必要です。どんな場面でも軸がぶれない雑談の目的を定めましょう。

2つ目のテーマは**「自己開示」**です。自己開示は雑談の鉄則ですが、ここでつまずく人が非常に多いのです。そのような人のために、具体的なワークも用意しています。

3つ目は**「話題」**です。ここでは、話題をストックするのではなく、どんな相手でも使える汎用的なルールを紹介します。

4つ目は**「聞き方」**です。コミュニケーションにおいて一番大切なのは、聞く力だと言われています。話を聞けない人の原因から、改善のコツまで、具体的に学んでいきましょう。

そして最後のステップは、**「話し方」**です。ここで紹介するのは、上手な話し方ではなく、信頼関係を崩さない話し方です。相手を不快にさせることがなくなり、安心して雑談ができるようになるはずです。

「雑談が苦手」だと感じているあなたも、仲のいい友人や家族とたくさん話をして、幸せを感じたことがあるはずです。誰かと楽しく話をしたことで、その1日に充実感を覚えた人もいるでしょう。

**ストレスを感じないコミュニケーションは、本来楽しいものです。**本書を読むことで、どんな相手でも、どんな場面でも、あなたが雑談を楽しめるようになることを願っています。それでは、1ステップずつ進んでいきましょう。

ステップ１

# 雑談の目的

ストレスを感じない

## 道しるべがあれば、もう迷わない

### ストレスが増すNG目的

ここから、ストレス0の雑談の道しるべとなる「目的」を考えてみましょう。
雑談の目的といえば、

・営業の仕事で、本題に入る前に盛り上げるため
・ビジネスチャンスにつなげるため
・気まずい沈黙の時間をなくすため

など、様々なことを思い浮かべるかもしれませんね。
それら自体は間違いではありません。ただ、**その目的がストレスの原因にな**

**る可能性もあるのです。**

たとえば、次の2つはとくにおすすめしない、NG目的です。

## NG 1 親密度を高めるため

雑談が親密度を高めるという見方は間違っていませんが、決して万人に当てはまるわけではないでしょう。そもそも「その人と親密度を高めたい」と思いながら雑談することのほうがマレなのではないでしょうか。

たとえば、あなたは、雑談相手の上司や取引先の人、ただの顔見知りの人と、どこまで親密度を高めたいと思っていますか。本心ではないところを目的に置いても、そのプロセスはとても苦痛でしょうし、最後にはボロが出るだけで、結果、大きなストレスを感じてしまいます。

## NG 2 間を埋めるため

雑談の目的を「間を埋めるため」と考える人もいるかもしれません。しかし、時と場合によって、その時間は変わってきます。

たとえば、何かの打ち合わせで初対面の人と会うときならば、最初の5分程度は軽く雑談を挟むことも十分にあり得ます。一方で、同じアパートの顔見知りの人と近くのスーパーで出会って、そこから家まで一緒に帰るとなれば、10分くらいは雑談しなければいけませんよね。

このような状況に応じて、そのサイズ感にあった雑談を繰り広げるなんて、とても難しいことです。「間を埋める」という目的は、あなたに大きな負担をかけることになります。

## 雑談の目的は「おもてなし」

あなたが無理せず雑談をするために、私がおすすめしたい目的は、**「おもて**

**なし」**です。

なぜおもてなしを目的にするのか。それは、相手におもてなしをすることで、あなた自身にいい影響を与えることができるからです。

これまで、誰かに親切にしたあと、心がホッコリと温かくなった経験はないでしょうか。

おもてなしをすると、体の中ではオキシトシンというホルモンが分泌されます。不安や緊張を和らげてリラックスした気持ちになり、幸福感を高めてくれるのです。さらに、気持ちが前向きになるという報告もあります。

**「おもてなし」の雑談をすることで、自分の不安や緊張を解消し、リラックスすることができるのです。**

もちろん、おもてなしをすると、相手もあなたとの時間を心地よく感じるため、心を開きやすくなります。そして、あなたの存在に安心して愛着を持ち、信頼をベースに関係を作っていくことができるのです。

## 「制限時間つき」だから雑談できる

ただ、いい効果があったとしても、ずっと「おもてなし」を続けるのは難しい、そう思う人もいるでしょう。

安心してください。**雑談には、かならず終了時間があります。**

あなたが話題に困るような相手と1時間も雑談するシチュエーションは、ほとんどないと考えていいでしょう。長くなったとしても、20分くらいではないでしょうか。

雑談や会話がいくら苦手で、気まずい時間が続いたとしても、かならず勝手に終わりの時間がやってくるのです。

途中で沈黙が続いたときに、「何か話をしないと……」と頭が真っ白になることもあるかもしれません。

ぜひ、そのようなときは、

**「まぁ気まずくても、そのうち終わるからいっか」**

と、まるで他人事のように心の中でつぶやいてみてください。

この考え方で自分を俯瞰した状態になり、自然とリラックスすることができます。その心理状態で初めて、「おもてなし」ができるのです。

## 「あいさつ」を制する者が、雑談を制す

### 第一印象さえクリアすれば合格

「おもてなし」という目的であれば、どんな場面でも迷わず雑談できるようになります。そして、このおもてなしは、相手との心理的な距離を近づけると、より効果的です。じつは、一言で距離感をグッと近づける方法があります。

それが**「あいさつ」**です。

あいさつによって第一印象は大きく変わります。最初のあいさつがうまくできないと、そのあとどれだけ高度なテクニックを駆使したとしても、距離感はなかなか近づかないでしょう。

人間が何かを判断するときは、無意識のうちに、過去にあった経験や情報と照らし合わせて、それらを結びつけて判断します。

アメリカの心理学者であるティモシー・ウィルソンは、人間は1秒間で1万4000要素の視覚情報を受け取り、その中の40要素ほどを処理して、とっさに様々なことを判断していると報告しています。

この処理によって、あなたが道を歩いているとき、自分に向かってトラックが走ってきても、どちらに逃げるかをとっさに判断できるのです。これを適応的無意識と呼びます。

そして、**この適応的無意識は、初対面の人に対しても作用します。**だからこそ、最初のあいさつを小さい声でボソボソと伝えてしまうと、あなたへの警戒心が強まってしまうのです。

これに関して興味深い実験があるので、ここで紹介します。

## 人の印象は2秒で決まる

スタンフォード大学のナリーニ・アンバディ教授は、初対面同士の生徒と教師にコミュニケーションを取らせました。

時間は、2秒、5秒、10秒、そして数分間と、徐々に時間を長くして、同じ相手と複数回会話をさせたのです。

そのあと、生徒たちに、教師に対する印象を確認します。

すると、2秒後の印象も5秒後の印象も、その後も何分であっても、印象が変わることはなかったのです。

つまり、**最初の2秒で相手の印象は決定するということ。**そのあとは何分経過しても変わりにくかったことがわかっています。

雑談相手との関係性が疎遠であればあるほど、最初の2秒に行うことは、あいさつであることが多いでしょう。このあいさつがうまくいけば、あなたにポジティブな感情を持ってもらうことが可能であり、いいコミュニケーションの入り口に立てるのです。

また、あいさつというのは、相手の存在をきっちりと認めることになります。これは、**相手の承認欲求を満たす効果があるということです。**

もしあなたが、会社に出勤したとき、同僚からあいさつしてもらえなかったら、どのような気持ちになりますか。おそらくほとんどの人がショックを受けると思います。無意識の範疇かもしれませんが、あいさつをされると、「自分はここに存在してもいいんだ」と思えてくるのです。

このように、あいさつは雑談以前に、人間関係そのものに大きな影響を与えます。そもそも人と話すのが苦手、と感じている人は、まずはあいさつに意識を向けてみましょう。

# 好印象をつくる3つの意識

## 印象の9割は「表情」と「声」で決まる

では、「おもてなし」を主軸としたとき、どのようなあいさつをすることが相手にいい印象を与えられるか考えてみましょう。

結論からいうと、**あいさつでは表情と声を大切にしてください。**

その理由は、次に示すアメリカの心理学者であるメラビアンが導き出した公式からも明らかです。

**知覚される態度＝言葉×0・07＋音声×0・38＋顔×0・55**

これは、相手に伝わる情報の中で、言葉（会話の内容）の影響はたった7％であることを示しています。一方で、顔（表情）の影響が55％、音声（声）の影響が38％、つまり90％以上の影響力を持っているのです。

では、具体的にどのような表情と声を意識すればいいのでしょうか。

## 1　笑顔は基本中の基本

まず、**あいさつをするときの表情は、笑顔が基本です。**誰かと会ったときは、普段から目尻を下げて口角を上げて、あいさつをするように心がけてください。

「笑顔であいさつ」なんて当たり前でしょと思われるかもしれませんね。ただ、産業医として日頃から複数の会社にうかがっていますが、みなさんオフィスでの表情が本当に暗いのです。

実際に、何も意識せずに、普段のあなたの表情を鏡で見てみてください。どのような印象を持つでしょうか。たとえ、自分の顔であっても、やはり無表情はどこか怖い印象を持ちませんか。余裕がないときであれば、もっと怖い顔をしているのだと思います。

自分でも緊張しているのがわかるようなときは、無理して雑談をしようとすることはやめておきましょう。怖い表情で相手に話しかけても、相手もあなたにネガティブな印象を持つだけで、いいことはありません。

それなら、はじめは笑顔のあいさつだけを心がけて、さっさと仕事の本題に入ったり、自然にその場から立ち去ったりするほうがいいでしょう。

## 2 声は高めがベスト

次は声ですが、あいさつでは声の高さを意識してください。

あなたは、自分の声が高いほうなのか、低いほうなのか知っているでしょうか。相手には明るい印象を持ってもらいたいので、**「おもてなし」のあいさつでは、少し高めの声を出してください。**

低い声は真面目そう、落ち着いていそうなどの印象を与えることができますが、聞き取りにくいこともあります。とくに関係性が遠い人だと「機嫌が悪いのかな？」といらぬ疑いを持たれて、とっつきにくい印象を抱かれてしまう危険があります。

それでも、地声が低く、どうしても高めの声を出せないというのであれば、低い声のままで構わないので、**少し速いテンポであいさつしてください。**それによって、軽やかさをプラスすることができて、重苦しさを与えることを回避できます。

## あいさつはかならず自分から

表情と声に意識を向けてあいさつすることで、雑談が始まる前から、相手はあなたに好印象を抱くはずです。ただ、あいさつにはもう1つ大切なことがあります。

それは、**あなたから先にあいさつをすることです。**

笑顔や高めの声以上に、この順番が最も大切です。

会話に苦手意識を持っている人は、ついつい相手から話しかけられるのを待つ姿勢になっていることが多いように感じます。人と話すことが苦手でも、あいさつだけは、積極的に自分から発するようにしてください。

今まであなたは、誰かからあいさつされて嫌な気持ちになったことはないでしょう。あいさつをしてもらえると、自分の存在が相手に受け入れられていると感じるので、あたたかい気持ちになります。

つまり、あなたから相手にあいさつする時点で、すでにおもてなしが始まっているのです。先にあいさつをするだけで、相手から好印象を抱かれることもあるでしょうし、今後の雑談をしていくうえでも、話の主導権を握りやすくなります。つまり、先にあいさつをすることは、あなたにとっても大きなメリットがあります。

## あいさつのし忘れをなくす

このような、ストレス0の雑談のベースを作るあいさつは、日常生活の中でトレーニングしていきましょう。

おそらく普段から、あなたはあいさつをし忘れている相手がいるはずです。それは、マンションの管理人や、近所でよく顔を合わせる人、勤務先のビルの守衛さんや掃除の人、会社の他部署で接点が薄い人など。そのような人に、自分の中ではトレーニングと称して、**「笑顔・高い声・自分から」**の3つを意識してあいさつをしてみてください。

本書を読んでくださっている人の中には、手っ取り早く雑談や会話がうまくいく方法を知りたい人もたくさんいると思います。ただ、あいさつができない人に、雑談が上手な人はいません。その後の雑談をスムーズに進めるためにも、最初のいい印象作りに力を入れましょう。極端にいえば、**「最初はあいさつさえできれば合格！」**くらいの気持ちで過ごしてもいいんです。

Column 1

# 笑顔が自然と出てくるストレッチ

雑談において大切な「あいさつ」では、笑顔が重要だとお伝えしました。あなたが笑顔でいるだけで、相手は「この時間を楽しんでくれているんだ」と安心して、心地よい雑談につながるのです。

その心地よさを生む笑顔は、「作る」のではなく自然と「出る」ものです。

ただ、表情筋が固くなっていると、自然な笑顔は出せません。

そこで、口と目の周りの筋肉のストレッチが必要になります。このストレッチは、相手からどのように見えているのかを確認するために、鏡の前で行うと効果的です。

左のストレッチをそれぞれ5セット、毎日行ってみましょう。朝の洗顔や歯を磨いたあとなど、1日をスタートするときに取り組むことをおすすめします。

〈口元のストレッチ〉

①「イー」を5秒キープ　②「アー」を5秒キープ

〈目元のストレッチ〉

①5秒間全力で開く　②5秒間ギュッと閉じる

Column 2

# 緊張をなくすあいさつトレーニング

あいさつにおいて大切なポイントを3つ挙げましたが、その中でも「自分からあいさつする」ことが最も大切です。

雑談に限らず、ほとんどのコミュニケーションのスタートは、あいさつから始まります。いいスタートを切れれば、雑談のストレスは一気になくなります。

ただ、これまであいさつを意識してこなかった人は、緊張してうまく声が出なかったり、表情が硬いままになってしまったりすることもあります。こればかりは実践で慣れていくしかありません。

そこで、日々の中で「自分から」あいさつする回数を増やすことを心がけましょう。

ポイントは、「今日は、自分から5人にあいさつする」など、人数を決めること。具体的な目標があれば、成功体験も自然と増えていきます。次のポイントも参考に、挑戦してみてください。

ポイント① しっかり目を見る

ポイント② 相手の名前を呼ぶ

ステップ 2

# 雑談に必要不可欠な 自己開示

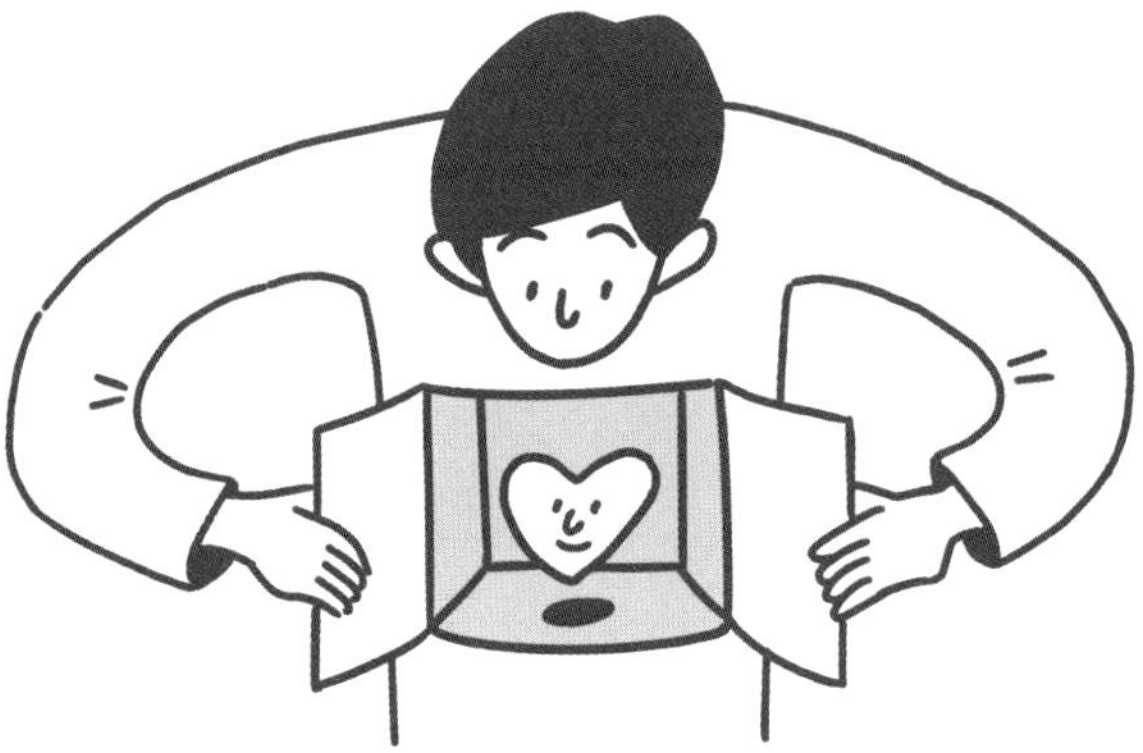

# 「自己開示」の効果効能

## ストレスの原因は「不信感」

雑談の目的を「おもてなし」とすることで、自分にも、相手にもいい影響があるとお話しししました。

しかし、あなたにおもてなしの気持ちがあっても、相手からネガティブな感情を持たれていたら、決して雑談がうまくいくことはありません。どれだけ親切にしてもらったとしても、その相手がどんな人なのかわからなければ、人は不信感や恐怖感を抱いてしまうのです。

つまり、雑談をはじめとするコミュニケーションでは、あなたがどのような人間なのかを相手に示す必要があります。

そこで使うのが**「自己開示」**です。

「自分はこんな人間です」とさらけ出すと、相手の不信感は和らぎ、安心感を与えられます。また、「あなたには自分の情報を公開しても大丈夫だと思っています」と信頼していることを、間接的に伝える行為にもなるのです。

すると相手は、「これだけ心を開いて自分のことを教えてくれるのだから、こちらも同じように自分のことを話したい」と考えるようになります。これは、返報性の原理ともいわれ、相手から施しを受けたら、それと同じだけ施しを返そうと思う人間の心理なのです。

この繰り返しによって、遠かった関係性が徐々に親密になっていくのです。心理的な距離が近い相手であれば、雑談にストレスを感じにくくなります。

つまり、**ストレス0の雑談に、自己開示は必要不可欠なのです。**

## 会話のハードルを調整する

この自己開示を、私は仕事で積極的に活用しています。

私は産業医として活動していますので、初対面の方と話をする機会がたくさんあります。その中には、健康面が優れない方や、残業時間が長い方など、働き方に対する課題を抱えている方が多くいらっしゃいます。

そんな中で、産業医に呼ばれたとなると「注意されるかも……」と、みなさん少なからず警戒心を抱いてしまいます。そのため、私の質問に対しても常識的な回答に寄せてしまう傾向がありました。

産業医は、社員の健康を支えるために訪問しているので、もちろん怒らずに、どう改善していくかを一緒に考えていきます。ただ、警戒心を抱かれてしまうと、アドバイスをしても、社員の方には「注意されてしまった」というネガティブな記憶しか残りません。

そこで私はよく、

「できれば仕事休んで、家でお笑い番組観たいんですよね〜」

のような自己開示を入れています。

医者でも仕事を休みたくなるんだ、と思ってもらうことで、**会話のハードルが下がるようにコントロールしています。**

そうすると、患者さんも「ほんとは休みたいんです」と本音を伝えてくれるようになり、私も医者として適切な提案をすることができるのです。

## 心理的距離を測る「ものさし」になる

また、雑談で自己開示が大切である理由は、安心感を与えることや、会話のハードルを下げることだけではありません。

**相手があなたに求めている距離感を測るものさしにもなります。**

もし、あなたがある程度の自己開示をしたのに、相手からお返しの自己開示がほとんどないときは、相手から歓迎されていないことになります。これが判断基準となり、相手のパーソナルスペースに土足で踏み入る失礼な行為を予防することもできるのです。

自己開示をしたほうが、相手に安心感を与えられて、好感を持ってもらえることはたしかですが、決して比例関係ではないのです。たくさん情報を与えられたぶん、相手はお返しをしなければと身構えてしまいます。相手に負担をかけてしまう自己開示は避けましょう。

## 効果的な自己開示の使い方

このように、使い方に注意が必要な自己開示ですが、適切に使えば、次のようないい効果も得られるのです。

## 1 特別感を与える

自己開示は、自分の秘密を打ち明ける面もあるので、相手に特別感を感じさせることができます。とくに、親密度を少しでも高めたい相手なら、

「あなたにしか言えないのですけど、私は……」
「ここだけの話ですけど、私は……」

このように自己開示してみましょう。

そうすることで、「自分を信頼してくれたから話をしてくれるんだ」と思ってもらい、**相手の承認欲求を満たすことができます。**

心理的な距離がグッと縮まるので、雑談も自然と盛り上がるはずです。

## 2 話の糸口にする

また、自己開示は話の糸口になることもあります。

もし相手から、急に前置きもなく「ジムに入会したことありますか？」と聞かれたら、突然の話題にビックリして身構えてしまうでしょう。

しかし、これも自己開示をすることで「なぜ、今からその話をするのか」ということを示すことができます。たとえば、次の例を見てください。

A「私はジムに興味があるけど、なかなか開始できなくて……。（あなたは）ジムに入ったことありますか？」

B「私は去年の健康診断の結果を見て、さすがにまずいなぁと思って1月に入会しましたよ」

A「続くか不安なのですが、何かコツとかってありますか？」

B「やっぱり、知り合いと一緒に行くとか、ジムの中で仲間を作るとかがいいですよね。1人じゃなかなか続かないので」

このように、話の糸口として自己開示をすると、相手の警戒心を解きつつ、あなたの状況（ジムに入会したいけど悩んでいる）を伝えられます。

すると自分のテリトリーで話をすることができますし、相手の返答も具体的になるため、話が広がりやすくなるのです。

## 3 自己理解につなげる

さらに、自己開示は対人的な効果だけではなく、自分の心にも大きな変化をもたらすメリットがあります。それは、**自分のことをより深く知れる**ということです。

たとえば、もともとはっきりした意見を持っていなかったのに、誰かに話しているうちに、その意識や向き合い方がクリアになってきたことがありませんか。これを客観的自覚状態といって、自分なりの意見に一貫性が出てくる状態なのです。

先ほどの例であれば、ジムに行くかどうか、まだ曖昧な考えでしたが、相手に相談したり意見を聞いたりすることで、「やっぱり自分はジムに行きたいんだよな」と自覚することができます。

相手に安心感と特別感を与え、ときには話の糸口にもなり、自分への理解も促してくれる。自己開示には、こんなにもメリットが詰まっているのです。

# 自己開示が苦手な人の特徴

## 「警戒心」と「自己肯定感」を克服する

これだけいい効果を与えてくれる自己開示ですが、もともと自分の話をすることが苦手な人もいますよね。

そのような人を大きく分けると、**「警戒心が強すぎる」**または**「自己肯定感が低い」**のどちらかに当てはまりやすいのです。

どちらも持って生まれた性質が強く影響していますが、それぞれ適切な対処をすることで、少しずつ自己開示ができるようになります。

## 1 警戒心は接触回数で和らげる

まず、他人に対して警戒心が強すぎる人は、もともとパーソナルスペースが広い傾向があります。このような人は、他人と近距離で接するのが苦手なのです。とくに、自分の心の中に相手が土足で入ってくることに、恐怖を感じてしまっています。それを避けたいがために、警戒心を強めて、自己開示ができなくなってしまうのでしょう。

また、相手に自分の情報を渡すと、その相手が別の第三者に、自分の情報を伝えるのではないかと心配する人もいます。

このような人は、**自己開示の前に、雑談相手との親密度を高めることを目標としてみましょう。**徐々に親密度が高まれば、その相手に自己開示するハードルはどんどん下がっていきます。

親密度を高めるためには、1つのコツがあります。たとえば、相手と接触した時間が「1時間を1回」と「10分を6回」であれば、圧倒的に後者のほうが親密度は高くなるでしょう。単純接触効果という言葉を聞いたことがあるかもしれませんが、対人関係においては、時間の長さよりも回数の多さがいい影響を与えるのです。こうして、あなたの相手に対する警戒心も徐々に和らいでいきます。まずは自己開示できる心理状態にすることを意識してください。

## 2 自己肯定感の低さは「無自覚」からきている

自己肯定感が低く自分に自信が持てない人も、自己開示が苦手です。それは、自分のことを話すと「相手に嫌われるんじゃないか」「変な奴だと思われるんじゃないか」などと不安になってしまうからです。

このような人の場合は、自己開示しても問題ないことを実感する必要があります。ただ、じつは、**ほとんどの人がすでに自己開示できているのです。**

名前を名乗ること、簡単な自己紹介をすること、このような自然な行為も自己開示になります。つまり、自己肯定感の低い人も、すでに自己開示できていることになるはずです。まずは、この事実を自覚してみましょう。

自分は自己開示ができないわけではないんだ、と自覚できたら、少し深い話(自分の日常生活や日々の考え)を開示していきましょう。

このときのコツは2つ。**「親密度が高い人から練習を始めること」**と**「対立しにくい話題を選ぶこと」**です。親密度が高い人であれば、よほどでない限り「雑談で失敗した」と思うことはないでしょう。また、政治などの対立しやすい話題を避け、趣味や仕事をテーマにすることで、相手と違う意見が出てきても、それを会話の1つとして楽しむことができます。


自己開示の苦手意識を解消するには、とにかく「自分の話をしても問題ない」と実感していくことが最も重要です。まずは短い時間から挑戦したり、仲のいい人から始めてみたりして、実践を積んでいきましょう。成功体験を積み重ねていくことが、苦手を乗り越える方法になります。

# いい自己開示は準備で決まる

## 自分の思考は認識できていない

ここまでで、自己開示の重要性や、苦手意識の解消法などを理解していただけたでしょうか。しかし、肝心の「自分の話」が思い浮かばないと、自己開示をすることはできませんよね。

一説によると、現代人は1日に6万回思考していると言われています。ではみなさん、今日1日で考えた6万回分の内容を覚えているでしょうか？　おそらく、考えたことすべてを記憶している人はいないと思います。

私たちは、日々の忙しさから、**自分が何を考えているかすら認識できていな**

**い状態なのです。**

そんな中で、自己開示として自分の話を始めようと思っても、なかなか内容が思い浮かばないはずです。たとえば、「趣味は何ですか?」といったよくある質問にも、何と答えたらいいのかわからず、戸惑う人も少なくないと思います。

つまり、私たちは、自分と向き合う時間を意図的に用意する必要があるのです。少し遠回りに感じるかもしれませんが、自分を理解することで心の余裕が生まれます。自己理解は、ストレスを感じないコミュニケーションの土台となるのです。

## 自己理解に有効な5つのテーマ

ここからは、あなたに自分のことを理解してもらうために、あるテーマを振り返ってもらいます。

そのテーマは、次の5つです。

①趣味
②仕事
③関心ごと
④エピソード・経験
⑤ライフイベント

これらは、自己理解に有効である一方で、雑談の話題そのものにもなりやすいテーマになります。そのため、**「自己理解ワーク」**として、ノートに書き出すとさらに効果的です。書き出しておけば、いつでも振り返ることができます。

また、振り返るときのポイントは、**「事実・感情・価値観」という3つの視点で振り返ること。**この視点で、より幅広い自己開示が可能になります。

それでは、1つずつ振り返るときのコツを確認していきましょう。

## 1 趣味

「趣味は何ですか？」とあらたまって聞かれると、うまく答えられない人もいると思います。習い事はとくにせず、休みの日はテレビや動画を見て過ごしているため、趣味と呼べるものがない……。

そんな人は、まず、**直近の休日をどのように過ごしたのか、1時間単位で振り返ってみましょう。**

その結果、「マンガを読んでいる時間が多い」なら、それはあなたの趣味と言っても問題ないと思いませんか。このように自分の時間を振り返れば、つい時間を使ってしまっている事柄が見つかるはずです。これが、あなたの趣味における「事実」になります。

次は、その趣味に対しての「感情」を考えてみましょう。

趣味に対する感情とは、ポジティブな気持ちを思い浮かべるかもしれませんが、そればかりではありません。「一日中マンガを読んでダラダラすると、夕方に少し後悔する」といったネガティブな感情もあるはずです。そこも含めて赤裸々に書き出してみましょう。それこそが、あなたらしい自己開示につながります。

最後に「価値観」について考えてみましょう。

趣味に対する、個人的な見解や意見を書き出してください。あなたの価値観・意見なので、世間的な意見と合っているのかなどは気にせずに、素直に書き出してみましょう。「マンガを読むことが趣味だと言うと、インドア派に見られやすい」「紙書籍を買うと本棚が足りなくなるので、電子書籍がいいと思う」のように、自由に書いていきます。

このように「事実・感情・価値観」の視点で趣味を振り返っておくと、雑談の中で近い話題が出たときに、適切な自己開示をすることができます。これまでは、質問されてもうまく返せないことがあったかもしれませんが、自分を理解することで、その悩みは解消されるのです。

## 2 仕事

趣味に関して書き出したら、同様に今の仕事についても振り返ってみましょう。仕事に対する「事実」は、今の会社の情報、自分が任されている業務の内容など、おそらくスラスラと出てくるテーマだと思います。

ただ、もしかしたら、仕事に対する「感情」と「価値観」については、じっくり考えたことがない人もいるかもしれません。書き出すコツは、細かな情報や業務ごとに向き合うことです。「小さな会社だけど、このくらいの規模が居心地いいな」「事務作業は好きだけど、電話対応だけは嫌い」など、ポジティブな気持ちとも、ネガティブな気持ちとも向き合ってみましょう。そしてできれば、「なぜそう思うんだろう？」と、深掘りしてみてください。

自己開示としてはもちろん、日々の半分以上の時間を費やす仕事について、自分の心と向き合う時間は大切にしてほしいと思います。**とくに、このテーマは職場の同僚との雑談において有効です。**ぜひ時間をたっぷり取ってみてください。

## 3 関心ごと

関心ごととは、自分が「詳しいこと」ではなく「気になること」なので、雑談の話題の幅が広がりやすいテーマです。しかし、ここでペンが止まる人が多いと思います。

とくに最近は、「自分のやりたいことがわからない……」「何に興味を持っているかわからない……」といった人がかなり増えてきました。その理由としては、2つあるといわれています。

1つは、インターネットの発達により、世間的に正しいと思える方針や方向が簡単にわかるようになったことです。

たとえば、あなたが通勤途中に、気になる喫茶店を見つけたとしましょう。そのお店に行きたいと思っていたところに、最近人気のカフェがすぐ近くにあるという別の情報を手に入れてしまいます。

その情報に左右されて、**あなたの「行ってみたい」という感情よりも、思考を優先してしまうようになっているのです。**そのため、あなたの心から自然と生まれてくる「したいなぁ」の気持ちは、一度頭のなかで正しい選択なのか検証されてしまいます。別のものと比較してしまい、素直に自分の感情に従う経験が減ってきたことが、自分の関心ごとがわからない悩みにつながります。

そしてもう1つの理由は、少しナイーブになりますが、幼少期に親から受けた影響です。

時代が進み、親は子育てについて、世間的に正しいと思える情報を入手しやすくなりました。すると、幼稚園のときには、この習い事をさせたほうがいい、小学校の低学年からこの塾に行ったほうがいい、などの思考に縛られてしまいます。

子どものときに、「あれがしたい」「これがしたい」と主張することがあったでしょう。それを、親が正しいと思って準備してくれたレールに乗せられる経験を幾度もすることで、自分の「やりたい」という気持ちの扱い方がわからなくなってしまうのです。

もちろん、この状態のままであれば、関心ごとのワークを埋めることは難しいでしょう。

そこで、このテーマについては、「自分の関心ごとがわからない」人に向けて、何をすればいいのか、精神科医として具体的に説明していきます。

まずは、**積極的に1人の時間を過ごすことを心がけてください。**

今のやりたいことや興味が持てるものを見つけるためには、あなたの「今の自然な感情」に目を向ける必要があります。そのためには、1人の時間が必要なのです。

たとえ、仲がよくて安心できると思える相手であっても、誰かと一緒にいる限りは、人は相手に合わせることを考えてしまいます。これでは、内側から出てくる自然な気持ちを素直に受け取ることができません。

また、1人の時間を作るときは、約束や予定を入れず、SNSなどの人とつながるものは触らないようにして、流れる時間に体も心も預けてみてください。頭から生まれる思考よりも、心で感じる感情を優先して過ごすのです。

本当は1ヶ月くらいこのような生活をするのが理想ですが、なかなか現実的には難しいでしょう。そこで、まずはあなたの決めた週末の2日間を、このような時間にあてて過ごしてみてください。

朝起きてから、何がしたいか、何を食べたいかと自分で自分の心に聞いてみてください。その答えは、あなたが知っているはずであり、その答えこそ、あなたが関心を持っているものなのです。

このようにして、自分の関心ごとを見つけたら、趣味や仕事と同じように、「事実・感情・価値観」の順に、3つの視点で書き出してみましょう。

## 4 エピソード・経験

このテーマでは、あなたが経験した毎日の中から、ポジティブなエピソードを集める作業が必要になります。

もちろん、ネガティブな内容でもいいのですが、関係性がまだ浅い相手のときは、相手を困惑させてしまう可能性があります。

たとえば、「先週、病院で検査したら、ガンとわかりまして……」と自己開示されても、どのように受け答えすればいいかわかりません。このような極端な例ではないにしても、ネガティブなエピソードは控えるのがいいと思います。

ポジティブなエピソードを集めるためには、**毎日の出来事を日記に書くことをおすすめします。**このポジティブというのは、「嬉しかった」「驚いた」「興奮した」「満足した」のような感情を示しています。

日記を書くというと、すごく大変なことのように思うかもしれませんが、内容は箇条書きレベルの簡単なもので大丈夫です。「サクラのつぼみがもう開きそうだ」といった季節の移ろいや、「運転中、対向車に道を譲ってもらった」という普段なら当たり前に感じていた親切などです。「子どもが外からトカゲを持ってきた」のような日常の1コマも要素になります。

このようなクスッとしたり、心がホッコリするようなエピソードを普段から意識すると、「そういえばね……」と話題を出すことができます。ポジティブなエピソードは、相手にも安心感を与えるので、ぜひ積極的に雑談に取り入れてください。

## 5 ライフイベント

このテーマは、ほかのテーマ以上に、あなたのプライベートな内容が含まれる自己開示になります。そのため、初対面の人よりは、普段から少しでも関係がある人に対して用いることをおすすめします。

シェイクスピアの名言通り、人生は選択の連続であり、あなたがこれまでにたくさんの選択をしてきた結果、今があります。人生において大きな選択をしたときは、それがターニングポイントになり、出来事として記憶に残っていることが多いはずです。そのときの感情なども思い出しやすいと思います。

そのターニングポイントこそがライフイベントであり、一般的には次のようなものが当てはまります。

・結婚した
・引っ越しした

・就職・転職した
・子どもができた
・家を買った
・車を買った

これらの「事実」は、普段の何気ない1日の出来事と比較しても、あなたにとって強烈なインパクトがある出来事だと思います。様々な感情が渦巻いたり、生活がガラッと変わった人も多いでしょう。もしかしたら、今思えば後悔するような選択をしたかもしれません。しかし、それは素直にその気持ちを「感情」の欄にワークとして書き込んでみてください。

過去を振り返ると、記憶から消していたつらい失敗なども思い出してしまいます。たしかに、その失敗自体は残念なことです。しかし、それはあなたが勇気を出してチャレンジした結果でもあるのです。行動に起こせたことを、自分でほめてあげながら、素直な感情を大切にしてみてください。

続けてライフイベントに関する、あなたの「価値観」を書いてみましょう。

価値観というのは時間とともに変わっていくものなので、ライフイベントに対して、当時はこのように考えていたけど、今はそのようには思わないと感じることもあるはずです。

それはそれでもちろん問題ありません。「上京してくるときの引っ越しはワクワクしていたけど、もうあの頃の高揚感はないなぁ」のような心境の変化に、共感してくれる人もいるはずです。**価値観の変化そのものが、雑談の話題になることもあるのです。**

## 自己開示は「話題」「聞き方」「話し方」の土台

以上が、雑談の話題にもなる、自己理解のテーマです。

取り組んでみると気づくと思いますが、自分のことは想像以上にわかっていないことが多いのです。

前にお伝えした通り、人は1日に6万回も思考しており、日常生活で重要とされることに脳を使うために、記憶を整理しています。今日やらないといけない仕事や、指導されたこと、来週までに準備しないといけないこと……。このように、「生活に必須」と思われることが優先的に記憶に残されます。

しかし、**あなたらしさを作り出すのは、記憶に残りにくい小さな感情です。**どんなものに惹かれるのか、心がうきうきするのか、そんなあなたらしい感情が、自己開示には必要なのです。

人とのコミュニケーションにストレスを感じるときこそ、自分を大切にしてみてください。あなた自身を振り返る時間を作るだけで、ストレス0の雑談へと近づけるはずです。

そして、その自己理解は次の章から解説する「話題」「聞き方」「話し方」のすべてで役立ちます。1つずつステップアップしていきましょう。

Column 3

# 「自己理解ワークシート」を作る

本章で紹介した「自己理解ワーク」は、ノートなどの紙にまとめると、さらに効果的です。振り返った5つのテーマは、雑談の話題そのものにもなりやすいので、見返しやすく残しておくことをおすすめします。とくに、左で紹介する「自己理解ワークシート」は、一覧として見返すことができます。時間を作って、ぜひ取り組んでみてください。

［自己理解ワークシート］の作り方

①5×3の表を作る

②表の左側に、上から「趣味」「仕事」「関心ごと」「エピソード・経験」「ライフイベント」と書く

③表の上に、「事実」「感情」「価値観」と書く

それぞれの欄に、自分を振り返って出てきた言葉を書いていきましょう。

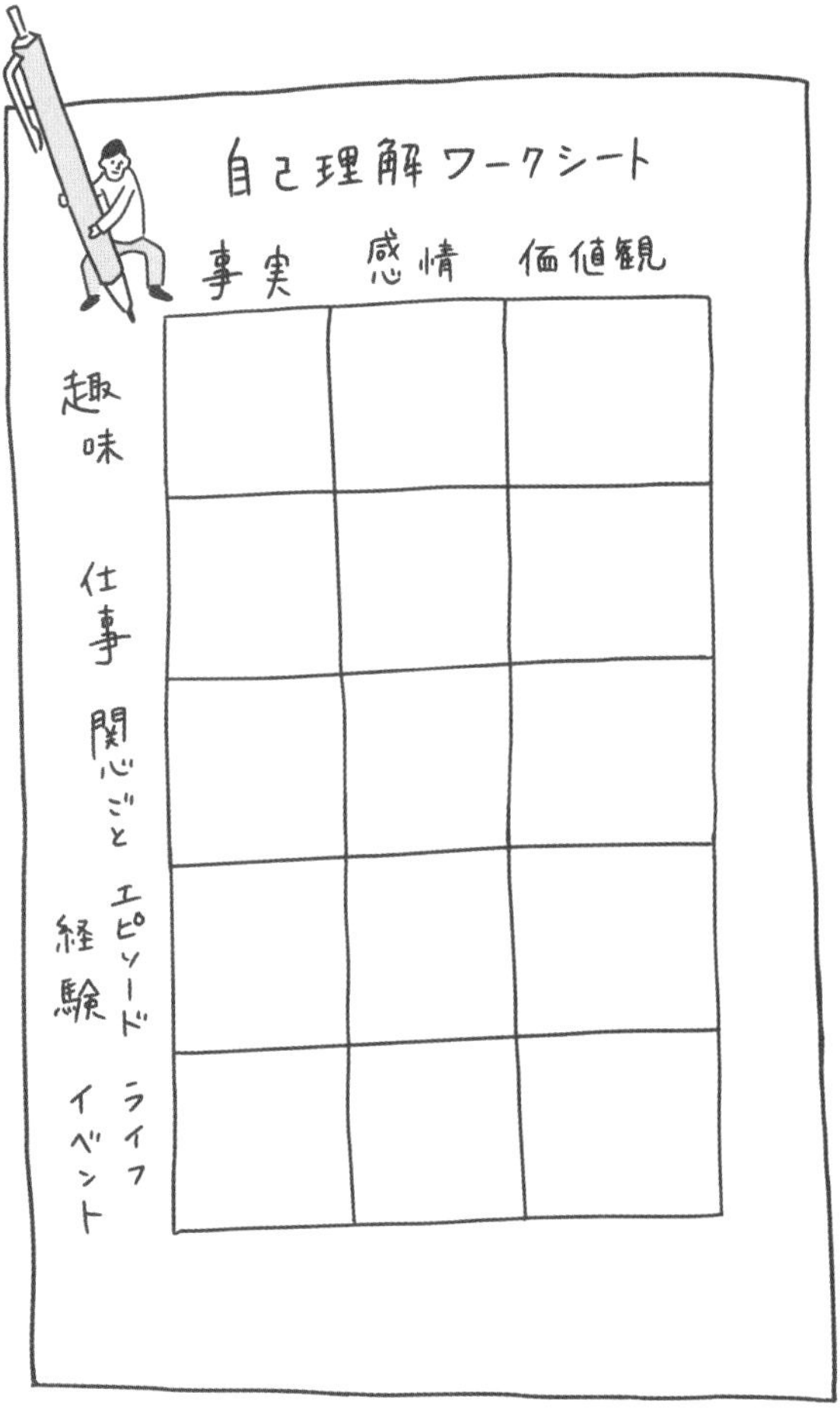
自己理解ワークシート
事実
感情
価値観
趣味
仕事
関心ごと
経験 エピソード
ライフイベント

Column 4

# エピソードは「写真」で残す

「自己理解ワークシート」を書くためには、ポジティブなエピソードを集める必要があります。本書では、日記を毎日書くことをおすすめしましたが、習慣になるまでは面倒だと思う人もいるでしょう。

そんなときは、日記の代わりに「写真」を撮ってください。そして、週末に1回でいいので、スマホの写真フォルダーを見返してみてください。

あなたが撮った写真の中には、あなたが心を動かされたものが入っているはずです。カフェで出合った新商品、きれいなイルミネーション、ペットのあどけない表情など。それらはすべて、あなたのポジティブな経験です。

実際に雑談で、あなたのエピソード・経験を話題にするとき、写真を残していれば、それを見せながら話をすることもできます。写真を撮ることは、雑談の話題を無理なく増やすことにもなるのです。

パシャリ
この前 こんなの 食べたんです!
天丼です
おいしそうな カツ丼ね!

# 会話がとぎれるストレスがなくなる話題

ステップ 3

# 雑談ベタが話題に悩むワケ

## 話題はストックするものじゃない

「雑談が苦手」という人の悩みで一番多いのは、「話題が出てこない」ではないでしょうか。あなたも話題に困ってしまって、気まずい沈黙が流れてしまった経験が一度はあると思います。

話す内容がわからないと悩むあなたからすれば、会話が上手で長続きする人は、話題をいくつもストックしているんだろうなぁと、思っているかもしれませんね。

もしかすると、雑談の話題をストックしようとしたこともあるのではないでしょうか。「盛り上がる話題50選」などを本やインターネットの記事から調べてインプットしたという経験を聞くこともあります。

結果はどうでしたか。おそらく、たくさんインプットしたはずなのに、いざ実践となると頭が真っ白になって、覚えたはずの話題が頭に浮かばなかったのではないかと思います。もしくは、口火は切れたものの、やはり長続きせずに、どこかお互いに気まずい空気になったのではないでしょうか。これには、明確な理由があります。

## 天気の話題はどうして続かない？

たとえば、天気の話題は雑談の定番ですよね。しかし、あなたが話題として取り上げたとき、次のようになってしまうのではないかと思います。

A「最近は天気がいいですよね」
B「そうですね」
A「でも、明日からは雨みたいですよ」
B「そうなんですね」
A「……」

なんとか話題を出せたものの、2往復程度で終わってしまう——。このようなパターンはよくあります。たしかに、天気は雑談の話題にしやすいのですが、使い方に注意が必要なのです。

ではなぜ、今回の天気の話題がうまくいかなかったのかを分析してみましょう。主に2つの理由が挙げられます。

## 1 方向性が決まっていない

1つ目の理由は、**雑談の方向性が決まっていないからです。**ここでいう方向性というのは目的のことです。

ステップ1で、雑談における目的を「おもてなし」と決めましたが、天気の話題で、相手へおもてなしをすることができそうでしょうか。このような〝情報〟は、おそらく、メインの話題として扱うのは難しいと思います。

ということは、おもてなしの雑談にするために話題を変化させる必要があります。このときに、天気の話題から、どう「おもてなし」のゴールまで進むか、イメージできていない人が多いのです。

道のりがわからなければ、わけもわからずジャングルの中に入っていくようなものです。なんとか前に進もうとしても、どの方向に進んでいけばいいのか自分でもわからず、常に手探り状態になります。そのため、頭が真っ白になったり、ちょっとした沈黙に焦ったり、おもてなしからはかけ離れた、余裕のない精神状態になってしまうのです。

## ②相手が興味を持てない

2つ目の理由として、**相手に興味を持たせられなかったことが挙げられます。**

たしかに天気は誰にとっても身近なテーマですが、関心を抱けるのはほんの一瞬です。

それでは、相手に興味を持ってもらえるように、「へぇ～」と思えるような雑学が必要なのでしょうか。じつは、それもよくある勘違いです。

百聞は一見にしかず。次のような会話をどのように感じるでしょうか。

A「最近暑くなってきましたよね」
B「熱中症も増えてるみたいですね」
A「そういえば、高体温といえば、ギネス記録にも載っているのですが、人間が生きてる中で最高の体温というのは、46・5度なんですよ。ちなみに、人間の体のたんぱく質は、42度を超えると形を変えるので、生きるのがかなり難しくなります。なので、これはすごい記録なんですよ」
B「へぇ〜。そうなんですか」

どうでしたか。もしも、雑学を教えてくれる人が医者だったとしても、これはまったく面白くないですよね。〝情報〟を過剰に入れすぎた会話は、まるでテレビでニュースを見ているようになり、相手にとっては一方的な会話に感じてしまいます。結局相手に興味を持たせることができず、雑談の話題としてはまったく適さなくなります。

## 「グラデーション」をかける

では、天気の話題でうまくいかなかった理由から、それぞれ解決策を考えてみましょう。まずは話題の方向性についてです。

目的を「おもてなし」に定めることには変わりありませんが、それに加えて

1つのコツを身につけてほしいと思います。

ストレスなく楽しめる雑談というのは、1つの話題に固執することなく、いろいろな話題へ移り変わっていくものです。

このように、テーマを少しずつずらしていくことを、私は**「話題にグラデーションをかける」**と呼んでいます。

「最近天気がいいですね」から雑談をスタートさせたら、「この前の休日はどこか出かけましたか？」と、相手の行動へ話題をずらしていくようなイメージです。

雑談に苦手意識がある人は、最初の入り口からどのようにグラデーションをかけるか、ある程度パターン化してみてください。

たとえば、

・天気の話題↓休日の天気の話↓この前はどこか出かけましたか？

・テレビの話題→どんな番組をよく観るんですか？

のような流れです。

話題はストックしても使えるシーンが限られますが、パターンやルールは様々な場面で応用できます。その準備のおかげで、心に余裕を持って雑談に参加できるのです。

## 「感情」を混ぜ込む

次は、相手に興味を持ってもらうために必要な要素についてです。

その答えは、**情報の対極にある「感情」です。**それも、雑談相手である「あなたの感情」なのです。

たとえば、相手から「週末は雨らしいので、ホッとしていますよ」と言われたら、きっと「なんでだろう？」と気になるでしょう。人が人に興味を持つときは、相手を理解したときです。まったく知らない相手に対して興味を持つことはできません。そして、相手のことを理解できたと感じるのは、その人の外面的な情報ではなく、内面的な感情を知ったときなのです。

つまり、**あなたとの雑談に興味を持ってもらうためには、あなたの内面を自己開示して、理解してもらう必要があります。**楽しかった、怒った、「なんでだろう?」と疑問に思ったことなど、あなたの感情が含まれる話題こそが、相手に興味を抱かせる材料なのです。

今回は「天気」を例に取り上げましたが、その話題自体がNGというわけではないのです。どのような話題からスタートしても、

・「グラデーション」をかける
・「感情」を混ぜ込む

の2点のルールを意識すれば、あなたも相手も心地よい雑談をすることができます。

# 初対面の人との話題は「所有・所属」から

## 「はじめまして」は話題の宝庫

ストレス0の雑談における話題のルールをご紹介しましたが、「具体的にどんな話題がいいのか知りたい！」という声もありそうです。

相手をおもてなしする目的から考えると、雑談は、相手に馴染みのある話題が適していることはわかりますよね。

ただ、そう言われても、初対面の人やあまり接点のない人の「馴染みのある話題」なんてわからないと思う人もいるのではないでしょうか。

じつは、たった1つのポイントをおさえておくことで、初対面の人との話題に困ることはほとんどなくなります。

それは、**「相手が所有・所属しているものを話題にする」**ことです。

まだ相手のことをよく知らない関係性だと、「相手の馴染みのある話題」を探すのに時間がかかります。しかし、「相手が所有・所属しているもの」は、質問をしなくてもすでに手に入れている情報であることが多いのです。

とくにおすすめなのが、「名前」「会社・学校」「今いる場所」の３つです。

これらを話題の軸として、雑談を始めてみましょう。

## 1 名前

まず、名前を話題にするということですが、難しい切り口は必要ありません。

あなたの素直な気持ちや感じたことを、相手に伝えるだけです。

先ほどお伝えしたように、相手が興味を持つのは、あなたがどのような気持

ちや考えを持っているかという感情でしたよね。たとえば、あなたが相手の苗字に対して「珍しい苗字だなぁ」と思ったなら、

**「珍しい苗字だと思ったのですが、言われませんか？」**

と聞いたらいいのです。

さらに、「お寺の出身のような苗字だな」と感じたら、

**「苗字を聞いて思ったのですが、もしかして、ご実家がお寺だったりしますか？」**

などと相手にたずねてみましょう。

もしかしたら、このようなことを聞けば、失礼に当たるのではないかと思うかもしれません。では、逆の立場にたって、あなたが初対面の人に「ご実家がお寺ですか？」などと聞かれて、不愉快に感じるでしょうか。大半の人は聞かれて嫌な気持ちにはならないはずです。あなたが疑問に思ったことを素直に口に出すことが、雑談を成立させる基本姿勢になるのです。

## 2 会社・学校

所属している会社・学校も、相手に馴染みがあるので、話が広がりやすい話題です。

もし事前に、相手の会社・学校がわかっているならば、会う前にホームページなどで所在地、社長の名前や創業年、企業理念などを調べて準備しておくとも、相手をおもてなしするために有効な時間の使い方です。それに、5分程度調べるだけで、あなたの雑談への緊張やストレスが軽減されると思えば、効率的な努力とも言えます。

このような準備をしておくと、出会ったときに、

「ホームページで確認したのですが、御社は本社が大阪なんですね。大阪に出張とかもあるのですか？」

「御社はA駅から、かなり近いと思いますし、あの辺りならランチとかまった

く困らなそうですね」

など、いくらでも話題を出すことができます。

また、仕事上の話だと、**名刺には雑談の話題がたくさん詰まっています。**初対面で名刺交換をしたときは、たくさん相手に関する情報がゲットできます。今後、名刺交換をするときは、ぜひ、そこから何か1つ話題を取り出せるように意識してみましょう。

先ほどの例のように、あなたが「おっ」と思ったことを、素直に相手に聞いて構いません。部署を見て、「主にどんなお仕事を担当されているのですか？」と聞くのもいいですし、「ずっとこの業界におられるのですか？」と幅を広げた質問をするのもいいです。

ちなみに最近は、仕事には直結しなそうな資格を、あえて名刺に書いている人もいます。たとえば、私が経験した例としては、ＩＴ企業の人なのに、名刺に「野菜ソムリエ」の資格が記載されていました。これは、相手からの「触れてください」という大きなパスなので、スルーするほうが失礼なのです。ちなみにこのときは、名刺にそのような記載が許される企業の度量や風潮などにも話が広がって、雑談が盛り上がりました。

もちろん、名刺のデザインや会社のロゴでもいいですし、紙質でも何でも構いません。裏面に英語表記で記載されているなら、「海外の企業とやり取りするのかなぁ」などとも考えられます。ぜひ、渡された名刺から１つ話題を見つけることを、日々挑戦してみてください。

### 3 今いる場所

今まさに一緒にいる場所も、相手にとっても自分にとっても、共通の所属している空間になります。

「この場所には、どのように来られたのですか」
「この近くに新しいパン屋さんができたみたいで、帰りに買って帰ろうかと思っているんです」

このように話題を振ることもできます。また、今の場所に来るまでのあなたのエピソードを、次のように伝えることもできます。

「ここに来るとき、A線の電車に乗ってきたのですが、隣に立ってた人のイヤホンから音楽がガンガンに音漏れしていて驚いちゃいました。周りの人もチラチラ見ていたので、注意しようかと思ったけど、なんかやっぱり怖くて注意できずに、そのままここの最寄り駅で降りました……」

ここでも、あなたの気持ちや感情がどのように動いたかをポイントにして伝えることを意識してください。「電車の中に、音漏れしている乗客がいた」という情報ではなく、注意しようと思ったけど、怖かったというあなたの感情を加えることが相手に興味を持ってもらえる雑談なのです。

これらの3つは一例ではありますが、「相手の所有・所属しているもの」に注目してみると、話題に困る可能性が一気に低くなります。しかもそれが、相手の興味をひきやすく、おもてなしの目的を達成できる話題になるのです。

## ほめるときは謙遜させない

もちろん、相手が身につけている服や時計なども所有にあたるので、それらを話題にしても構いません。

しかし、このような「相手が選んだもの」を話題に雑談するときは、少し注意が必要です。

相手の所有物をほめるくらいなら、簡単にできそうだと思う人もいるかもしれません。しかし、ほめるという行為は、意外にも難しいのです。

相手がとても素敵な腕時計をしていることに気がついたとき、次のような会話をしたことがないでしょうか。

A「それ、素敵な腕時計ですね」

B「ありがとうございます」

A「……」

このように、「ほめる」から雑談をスタートさせてみたら、なかなか会話が続かずに、すぐ終わってしまうことがあります。

その理由は、**日本人特有の「謙遜」という文化が大きく影響しています。**

素敵とほめられても、相手としては、その魅力をベラベラと自分から語るのは気が引けてしまうのです。さらには、「素敵」というふんわりとした抽象的な表現なので、相手からしたらデザインなのか、それとも色合いなのか、服装とマッチしているところなのかがわかりません。どの点について話を広げたらいいのか悩ましくなり、会話を続けることが難しくなってしまいます。

そこで、相手をほめるときのポイントは、次の３つを意識してください。

①所有から相手の行動や人柄をほめる
②自分の知識のなさを伝える
③自分が感じた気持ちや考えを具体的に表現する

相手が、その所有しているものの魅力を自然と語れるように、あなたからパスを出すことこそが、最高のおもてなしなのです。

まず、所有物をほめるというよりは、**それを選んでいるあなたが素敵である**

**という結末に着地するようにしましょう。**これができれば、おもてなしとして満点の雑談になります。

そのうえで、自己開示や自分の素直な気持ちを入れていきましょう。たとえば、話の糸口としては「自分はそこまで腕時計をしっかり見たことがないのですが……」のように、今からほめる相手の所有物に対して、そこまで知識がないことを素直に開示しましょう。

このように**自分の無知を白状しておくと、少々失礼なことを言ってしまったとしても許されます。**また、「自分は詳しくないので、教えてほしい」という、教えを乞うスタンスに移行することで、相手も謙遜せずに気持ちよく魅力を語ることができます。

そして、**ほめるときの言葉は具体的にしましょう。**先ほどの「素敵」のような曖昧な言葉ではなく、どのような点で自分がポジティブに感じたのかを具体的に伝えるのです。

A「私は時計には疎いのですが、つけておられるその腕時計、とてもシンプルなデザインで素敵ですね。周りでそのような時計を選んでいる人は見たことありません」

B「そうなんですよ。以前は大きめの腕時計をつけてましたが、色々な場所にぶつけたりするので、小さめのシンプルなデザインにしたのですよ」

A「前は食事のときなんかも、外したりしてたんですか」

B「前は外してました！　でも、これに替えてから、そのような手間がなくなったので、楽なんですよね」

そして最終的には、時計という所有物ではなく、相手の行動や人柄をほめる形で、話をクローズする流れを意識してください。

ちなみに、直接的にほめるのに慣れていない人におすすめなのは**「センス」**というワードです。センスがいいという表現はかなり幅が広いので、さりげなく相手をほめることができます。ほかにも、相手の行動や人柄に対して、**「羨ましいです」**や**「それができる人は、なかなかいないですよ」**というフレーズもおすすめです。

これらは、抽象的な表現ではありつつも、相手の行動や人柄をほめているので、おもてなしにぴったりの言葉なのです。

# 顔見知りの相手には「相違点」を見つける

## 共通点を探すのをやめる

先ほどの「所有・所属」から見つける話題は、初対面の相手に対して効果的です。ただ、雑談の場面は、なにも初対面ばかりではありません。職場にも、顔見知りだけどちゃんと話したことがない人もいるはずです。そのような、微妙な距離感の相手に対して使える話題も知っておきましょう。

あなたは、雑談で相手との共通点を探したことはないでしょうか。これは、雑談が苦手な人がやってしまう間違いなのです。

たしかに、出身地や年齢、趣味、共通の知り合いなどの共通点があれば、話も盛り上がるでしょう。しかし、**実際には、たまたま共通点がある可能性はかなり低いはずです。**その偶然に期待はできないでしょう。

それに、共通点を探すために奮起して、たくさんの質問を投げかけていると、もはや尋問のようになってしまいます。相手と打ち解けるどころか、威圧感を与えかねません。

「雑談では共通点を話題にする」という前提でいると、雑談のストレスを助長しかねないのです。

## 「相手と違う」は無限に出てくる

では、どんな話題にすればいいのでしょうか。

ストレス0の雑談のコツは、**相違点を話題にすることです。**

あなたと相手は、もちろんですが価値観が違います。そのため、共通点とは違い、相違点は無限とも言えるほどたくさんあるはずなのです。

その相違点に注目すると、あなたの中で「何でなんだろう？」という素朴な疑問が湧き出てきます。そして、**その頭に浮かんだ疑問をそのまま相手に質問してみてください。**

じつは、これは最初のほうで例に挙げた、名刺を見て相手の名前などで気になったことを、素直に質問する方法と同じ構造なのです。さらに、質問の答えを教えてもらうことによって、それがまた新しい話題になって、自然と話が広がっていくのです。

たとえばスマホについて、あなたはiPhone利用者、相手はAndroid利用者だとしましょう。

A「私は周りがiPhone利用者ばかりだったので、流されてiPhoneにしたのですが、Androidにした決め手って何かありますか？」
B「カメラの画質にこだわったので、iPhoneよりカメラの性能がいいものにしました」
A「そうなんですね。ちなみに不便なところとかありますか？」
B「iPhoneでしか使えないアプリが意外と多くて、流行りに乗れないこともあるんですよ」

このときは、できるだけ相手との相違点の質問をする直前に、あなたが話題に対してどのようなイメージを持っているのかを伝えましょう。それこそが、あなたの自己開示になるのでしたね。

先ほどの例であれば「なぜAndroidにしたのですか？」だけではなく、「私は周りに流されてiPhoneを選んだ」と伝えることで、質問の意図が伝わり警戒心も薄れるでしょう。

こちらが質問をして、相手に答えてもらうということは、相手に思考を開示してもらうことなのです。だからこそ、こちらが手の内を見せておくことが、相手に安心して答えてもらうための最低限のマナーになります。

そして、先ほどの例で話を広げていくなら、「どんな写真を撮るのですか？」「お気に入りの写真見てみたいです」「使えなかったアプリってどんなものですか？」など、素直に気になったことを話題にしてみましょう。

そして、どこかでキーワードがなくなったら、また相手をよく観察して、あなたとの相違点を探し、「何でなんだろう」と思ったことを、質問してみてください。このような素朴な疑問こそが、自然な話題になりますし、どのような場面でも話題に困ることはなくなります。

# 話題が生まれやすい「季節のイベント」

## 相手と共有した体験を見つける

ここまでの内容でも十分話題に困ることはなくなったと思いますが、もう1つとっておきの方法をお伝えしたいと思います。それは**「相手と共有した体験をテーマにする方法」**です。

「相手と共有している体験なんて1つもないよ！」と言いたくなる人もいると思います。しかし、時間軸を過去にずらすことで、相手と共有した体験を見つけることができます。

それは、次に示すような**季節ごとのイベント**です。

春：入学式、卒業式、入社式、お花見など
夏：夏休み、花火大会、海水浴など
秋：体育祭、ハロウィン、もみじ狩り、防災訓練など
冬：受験シーズン、クリスマス、バレンタイン、ホワイトデーなど

もちろん、これらのイベントを過去に相手と一緒に過ごしたわけではないでしょう。しかし、ほとんどの人が同じ空気感を体験しているはずです。そして、その過ごし方や思い出は、人によってバラバラだと思います。

それこそが相手との相違点となり、話題になっていくのです。とくにステップ2の自己開示のワークで書き出した「ライフイベント」の欄をうまく使えば、あなたからスムーズに話題を出すことができます。

A「もうすぐ受験シーズンですね。受験といえば、私のときは雪で電車が遅れ

て、とても焦った覚えがありますよ」

B「そうなんですか。私の地域では毎年のように雪が降って大変でした。万が一のために ホテルに前泊して、会場まで歩いていきました」

受験シーズンのような季節ごとのイベントは、思い出が強く残りやすい出来事です。自分の体験や感情、価値観を付加して話をしてみましょう。すると、相手も同じように印象的な思い出があることが多いので、相手からの自己開示も返ってくるでしょう。

当然ながら、価値観などが違っているでしょうが、それが雑談にはとてもいいことです。その相違点について、「なぜそうなのか?」と思うようなことを質問していけばいいのでしたね。言うまでもなく、自分の意見と違っていても、相手の意見を否定したりしてはいけません。

# 2回目以降の雑談では「教えを乞う」

## 心を開いているアピールをする

ここまでの話題のテーマは、どちらかといえば関係性が浅い人に効果的なものでした。会うのが2回目以降なら、初対面よりは表面的なよそよそしさがなくなっているはずです。そのぶん、踏み込んでもいい話題も増えていくので、より相手におもてなしを提供しやすく、親密な人間関係を築くチャンスになるのです。

そこで、2回目以降は、あなたが心を開いているとアピールすることを、より意識してみてください。その一番簡単な方法は、前回話したときの話題に対してポジティブな行動をしたことの報告です。

「前回お会いしたときに教えてもらった歩数計のアプリ、早速ダウンロードして使っていますよ」

「前回お会いしたときに教えてもらった有名な洋菓子店で、会社にお土産を買って帰ったら、大好評でしたよ」

このように言われたら、相手も喜ばしい気持ちになるでしょう。

ただ、前回から引き継げるような話題がないときもあるはずです。そのときは、**教えを乞うスタンスで臨むのが一番おすすめです。**

相手がそつなくこなしていることを話題にして、それに関して教えを乞う流れを意識してみてください。

「そつなくこなしていること」というと、少し難しいイメージがあるかもしれませんが、決して特別なことに注目しなくても大丈夫です。「当たり前のようにさらりとこなしているところ」というニュアンスで捉えてみてください。
そして、相手の様子や会話の端々から「相手のそつのなさ」を抽出するように意識して、話を聞いてみましょう。たとえば、次のような内容になります。

「いつも明るく、元気な印象ですが、そのコツとか習慣って何かあるのでしょうか」
「前回、お会いしたときに感じたのですが、書類などもすごく簡潔にポイントをまとめておられますが、コツとかあれば教えてほしいです」
「御社では、ほとんどの人が残業なく仕事を終えていると聞きましたが、気にかけているポイントとかはどのあたりでしょうか」
「先日、残業も多いと聞きましたが、それだけタフにこなせるコツとか習慣があるのでしょうか」

このようにあなたが、教えを乞うというスタンスで接していると、相手は「自分は認められているんだ」という気持ちになり、それだけ親密度が高まります。

さらに、相手からすると、当たり前だと思っていることをほめられると「そんなことをほめてくれるんだ」と嬉しい気持ちにもなります。自分のことを理解してくれていると、あなたにポジティブな印象を抱くはずです。

いい人間関係が作られていけば、雑談もより自然に盛り上がるでしょう。

# 相手にとっても「ストレス0の雑談」にする

## 余裕が生まれると、相手の不安が見えてくる

雑談が苦手だったあなたも、これまで紹介したコツを使えば、雑談へのハードルも低く感じられるのではないでしょうか。スタートさえ切れれば、緊張することなく雑談を楽しめるようになるはずです。

しかし、あなたが雑談へのストレスを抱いていなくても、相手が緊張していたら、話はなかなか弾まなくなってしまいます。コミュニケーションは相手がいてこそ成り立つものなので、**あなただけではなく、相手の心理面も大切なのです。**

そこで、ステップ3の最後は、産業医である私が日頃から使っている、「相手が緊張していても、自然と話を広げられる話題」を紹介します。

前にもお伝えしましたが、産業医は、健康診断の結果が悪い社員に、病院への受診勧奨をするため、面談する機会がたくさんあります。

もちろん、そのときは初対面でもあり、相手からすれば「産業医に呼び出された、何を言われるんだろう……」とかなり警戒していることが多いはずです。

これは対人心理としてはよくない状態であり、このまま相手に何を伝えても、内容は届かないでしょう。こちらが心配している気持ちなどもまったく伝わりません。

そのため私は、初対面のときは、できる限り最初に軽い雑談をして、少しでもリラックスした雰囲気を作ることを目標としています。

あなたも、自分に心の余裕が生まれると、相手の緊張や不安が感じられるようになるはずです。そのようにステップアップしたら、ぜひ、あなたから**「雑談をしやすい空気」**を作り出して、周りの人にとっても「ストレス０の雑談」になるように心がけてみてください。

## 産業医の私が面談で使う2つのフレーズ

では、私が使っている話題を紹介します。あくまでも、産業医の面談で使っている話題なので、ポイントをおさえて、あなたなりにアレンジしてみてください。

### 1「お忙しい時間帯でしたよね？」

これは、午前中でも、昼間でも夕方でも、先輩でも友達でも、いつでも誰にでも使えるフレーズです。この入り口で雑談をすれば、そのあと、**相手がどの**

**ような返答をしてきても、ある程度は話を広げることができます。**たとえば、私の仕事では次のように広がっていきます。

私「来ていただきありがとうございます。お忙しい時間帯でしたよね？」
Ａ「いえ、夕方のほうが忙しいから、今は大丈夫でしたよ」
私「そうですか、ちなみに夕方からは何かあるのですか？」
Ａ「毎週の会議があるんですよ」
私「準備とかも結構必要だったり、時間も長い会議なんですか？」
Ａ「そうなんですよ。昨日とかは１日その資料を作成して、上司にチェックしてもらってた感じですね」
私「そうなると、１日の睡眠時間とかも、十分って訳にはいかなそうですね」

〝忙しい〟というテーマを入り口にして、1日のスケジュールに照準を合わせると、どんな方向にも話を広げることができます。

もし「忙しかったです」と返されたなら、「繁忙期ですか?」とつなげられますし、「最近暇なんです」と言われれば、「退勤後は予定入れているんですか?」のように仕事以外の話題にまで広げられます。

私の場合は、毎日の睡眠など健康の話題につなげたいので、1日という期間で話をすることが多いです。もし、あなたが仕事内容について聞きたいなら、「どんな業務が多いんですか?」と自然につなげるといいでしょう。ぜひ、忙しい時期や時間帯という入り口で雑談をスタートすることを、本題へのクッションに利用してみてください。そして、あなたが話をしたい話題に、徐々にシフトしてみましょう(95ページの「話題のグラデーション」でしたね)。

## 2「今の部署にはどれくらいおられるのですか?」

これはみなさんの場合、仕事で初対面の人と会うときに使える一言です。**今**

**の部署の仕事と、その前の仕事を両方スムーズに聞くことができる**ので、話を広げやすく、雑談の入り口としてはとても便利です。

私「今の部署にはどれくらいおられるのですか?」
A「今の部署は、ちょうど3年になりますね」
私「その前は、どちらにおられたのですか?」
A「その前は、ずっと現場にいましたね。3年前に内勤に変わりました」
私「そうでしたか。ならば、デスクワークになって、運動量も減ったのではないでしょうか?」
A「そうですね。だからこそ、食事には気をつけないとって思っているのですけど……」

この入り口で話を始めることで、過去と今の仕事の違いなどを、相手に語ってもらうことができます。これによって、相手の所有・所属についての新しい情報を得ることができます。いきなり仕事の話題を相手に振ることに抵抗があるなら、先に自分の仕事について自己開示を行うと、よりスムーズに話を広げられるでしょう。

もちろん仕事の話だけでもいいのですが、ほかのテーマに話を広げることもできます。休日の過ごし方などを聞くことができれば、そこには相手の趣味などが含まれていることも多く、より相手の所有・所属を知ることにつながります。

## 「健康ニュース」は人類共通の話題

どんな相手にでも提供しやすい話題として、私は**「健康ニュース」**をよく使います。

これは、誰しも健康でありたいという共通認識があるので、相手がまったく興味がないというリスクが少ない、とても無難な入り口になります。

とくに、本書の執筆がスタートした2020年は、世界が新型コロナウイルス感染症の話題で一色だったので、雑談の入り口として、自然とその手の話を取り上げることが多かったですね。

もちろん、新型コロナウイルス感染症以外にも、季節ごとに、次に挙げるようなよくある疾患などもありますので、ここから会話をスタートすることも可能です。

春：スギ・ヒノキ花粉症など
夏：夏風邪、熱中症、食中毒、胃腸炎（冷たいモノの食べすぎ）など
秋・冬：インフルエンザ、ノロウイルス、風邪など

これらを、少しずつ相手に馴染みのある話題にグラデーションをかけていき

ましょう。私の場合は、ここから核心である健康診断の結果の話題に変えていくことがよくあります。

ちなみに、健康ニュースは話の入り口としてもよく使われますが、健康を意識している人は多いため、**実際には雑談のメインの話題にもなりえます。**季節によって流行する疾患などを入り口にした場合、自分なりに実践している健康法を自己開示すると、とても簡単に話を広げていくことができるのです。

A「最近風邪予防で、鼻うがいにチャレンジしてます。Bさんは何か健康で気をつけていることはありますか？」
B「効果があるかわからないけど、ビタミンのサプリを飲んでいますよ」
A「サプリっていろいろな種類が出てますもんね！　どんなものか教えてほしいです」

もし独自に実践している健康法がないなら、のど飴を1つのアイテムとして利用してみてください。

**「風邪の予防法ってわけではありませんが、普段から喉が乾燥しないように、のど飴を常備してるんですよ」**

と、実際にのど飴を相手に見せていく方法もあります。雑談でおもてなしをするために、事前にのど飴を準備することは、許される自己投資ではないでしょうか。そのときの相手の反応によっては、1つあげたりすると、より親密な関係になることでしょう。

その健康法の効果があるとかないとかは、とくに関係はありません。健康法を話の起点にすることで、今度は相手なりの健康法や意識していることを聞き、話を広げることが重要なのです。

ちなみに、「健康ニュース」と「天気」をドッキングして**「気象病」**を話題にすることもできます。

「雨の日は頭痛があるので、梅雨のシーズンはなかなかつらいのです」
「低気圧が近づいてくると、古傷の膝関節が痛むので、天気予報を見なくてもわかりますよ」
「カンカン照りのときは、すぐに日焼けして赤くなっちゃうんですよ」

このように、健康ニュースと天気を混ぜると、今後どちらの方向にも話を膨らませられるのでおすすめの方法です。

もしかしたら、これまで雑談の話題について悩み、最近のニュースなど、話題になりそうなことをチェックしていたかも知れません。

しかし、雑談というのは、人対人のコミュニケーションであり、相手がいるからこそ成り立ちます。雑談が上手な人は、やはりおもてなし上手です。そのため、**ニュースや雑学をチェックする前に、雑談をしている相手に注目するようにしてください。**

まずは相手が興味を持っていることや、所有・所属しているものに注目することから始めましょう。それらを話題にして、相手に気持ちよくしゃべってもらうように、そっとパスを出すのです。

ちょっとした意識を変えるだけで、今までとは違って、相手と心から楽しめる雑談をすることができるようになります。

Column 5

# 「相違点」を見つける人間観察トレーニング

本章で説明したように、話題を見つけるときは「共通点」ではなく「相違点」がおすすめです。相違点にすぐに注目できるようになるトレーニング方法をご紹介します。

「街で見かける知らない人をランダムで選び、あなたとの相違点を3つあげる」

通勤中や休日のお出かけのときに、ゲーム感覚で気軽に行うことができます。

最初のうちは、服装、髪型、持ち物など、目に見える特徴で十分です。そのうち慣れてきて、その人の雰囲気なども言語化できるようになります。

「月曜日の朝からとても元気そう」「歩くペースがゆっくりで落ち着いていそう」などです。

ここまでイメージできると、実際の雑談で、「朝に強くなる秘訣とかあるんですか?」と相手が興味を持てる話題を出すことができます。

実践の雑談以外でも鍛えられるので、ぜひ、毎日周りの人を観察して、相違点に敏感な目を養ってください。

・朝から元気
・メガネをかけている
・白ではなくカラーシャツ
・帽子を被っている
・リュックサック
・自転車
・スマホケースが派手
・歩くのがゆっくり
・髪色が明るい
キョロ
キョロ

ステップ 4

# 自分も相手も
# ストレスを感じない
# 聞き方

## 話を聞けない人の特徴

### 「聞く」が満足度を左右する

ここまで、自己開示や話題の準備をしたことで、雑談への不安は少しでも解消できたのではないでしょうか。

次のステップは「話を聞く」に力を入れることです。

何度も言いますが、決してトーク力がある人が、雑談ができる人ではありません。**雑談が上手な人に共通しているのは、しっかりと相手の話が聞けるということです。**

「話を聞く」ことがコミュニケーションにおいて重要であることは、おそらく身をもって体感しているはずです。

あなたはこれまでに、病院で診察してもらった経験があると思います。そこで「よく、お医者さんに話を聞いてもらえたなぁ」と思えたことはどのくらいあったでしょうか。

それとは反対に、話を聞いてもらえるような雰囲気もなく、診察時間も2分くらいで、パパッと薬を処方されて終了となった経験はないですか。

たとえ、症状が改善するといった目的が達成されても、話を聞いてもらえなかったと感じると、信頼感が生まれずに満足度は下がってしまいます。

このように、話を聞いてもらえないと、どのような話題で雑談をしても、相手があなたに抱く印象はあまりよくなりません。

## 賢い人ほど話を聞けない

医者に限らずですが、**思考能力や推察能力が高い人ほど、他人の話を聞けな**

**い傾向があります。**そのような人は、一を聞いて十を知ることができてしまうことが多く、あまり話を聞かなくても、だいたいのストーリーの流れが想像できてしまうのです。

とくに医療の場合であれば、経験が長ければ長いほど、頭の中でパターン化しがちです。つまり、あのような症状のときは、このような検査をして、あの薬を処方すればいいなどのフローチャートが頭の中でできています。

そのため、患者さんが満足するほど話を聞かずに対応してしまうことがあるのです。

ただ、同じような症状であっても患者さんの背景は1人ひとり違います。しっかり話を聞かなければいけないのは言うまでもありません。

「この人はこう考えているのだろう」と頭の中で思い浮かべるのではなく、しっかりと話を聞くクセをつけて、相手をおもてなししましょう。

# 聞く力の正体は、「観察力」と「関心力」

## 「内容」ではなく「気持ち」に耳を傾ける

では、「話を聞く力」とは、具体的にどのような力なのでしょうか。

会話では、同じ言葉が使われていても、場面や状況に応じて察したり行間を読んだりして、適切に判断する必要があります。

たとえば次の2つの「大丈夫」という言葉ですが、同じような意味で使われているでしょうか。

A「うん、大丈夫！」
B「うん、大丈夫……」

ＡとＢは同じ「大丈夫」という言葉であっても、相手の気持ちはかなり違ってきます。そうです、**聞く力というのは、相手の気持ちを正しく捉える能力なのです。**

もし、あなたが真剣に話を聞いていても、相手の意図を間違えて捉えていたら、「あれ、この話、伝わっているかな？」と相手を不安にさせてしまいます。

しかも、それが頻発するようなら、相手も話をする気がなくなるでしょう。

つまり、話の内容を理解すること以上に、その話をしている相手の気持ちを捉えることが重要なのです。

気持ちを正しく捉えるためには、大切な力が2つあります。

それは、**「相手を観察する力」**と**「相手に関心を持つ力」**です。

## 観察するポイントは1つだけ

相手の気持ちを知るためには、しっかりと観察する必要がありますよね。ただ、観察といっても、最低限、**話題に対してポジティブな意見なのか、ネガティブな意見なのかを把握できればＯＫです。**相手の気持ちの詳細まではわからなくても、気持ちのニュアンスさえつかめれば、相手を傷つけるような反応は避けることができます。

判断基準としては、とくに感情が出やすい顔に注目しておきましょう。

表情がこわばっていたり、目を丸くしていたり、急に目が合わなくなって下を見たりなどのサインを捉えることが大切です。もちろん、相手の身振り手振りや言葉遣いなどの全体の雰囲気にも注目しましょう。

この「観察する力」は、ステップ1で紹介した「あいさつ」と同様に、少しずつ慣れていく必要があります。まずは、相手の感情がポジティブか、ネガティブか、の1点だけに注目して、少しずつ観察する力を磨いてみてください。

## ◯関心度と心の余裕は比例する

コミュニケーションにおいて重要なことは、相手に関心を持つことです。もちろん興味がわかなくて話しにくいなら、無理に雑談する必要はありません。

ただ、そもそも人に関心を持ちにくい人がいます。このような人は、相手が誰であっても、雑談が盛り上がらないという事態に陥りやすい傾向があります。もしあなたの中で心当たりがあるなら、雑談のストレスをなくすためにも、読み進めてみてください。


まず、相手に関心が持てない人はどのような人なのでしょうか。

1つは、**自分のことで精一杯な人です。**

このような人は雑談をしているときでも「沈黙を作らないようにしないと……」や「変に思われてないかな……」など、自分が相手からどのように見られているかで頭がいっぱいになってしまっています。だからこそ、雑談というのは自分に精神的な余裕がないときは、うまくできなくなってしまうのです。

もう1つは、もともと自分に対するこだわりなどが強すぎて、臨機応変に相手に合わせられないような、**自己中心的な人です。**

もちろん、「興味がないなら、雑談しない」というスタンスは常に持っていてほしいのですが、ステップ0で述べたように、雑談をするメリットは大きいのです。相手に関心を持てるように意識を変えるのも、あなたにとって無駄にはなりません。

ただ、突然「相手に関心を持ちましょう」と言われても、変えるのはなかなか難しいものです。そこで、**まずは相手に「私はあなたに関心がありますよ」と伝わるように振舞うことから始めてみましょう。**

会話を進めていくうちに、あなたが興味を持てるキーワードが出てくるかもしれません。その可能性を引き出すためにも、相手に気持ちよく話してもらう必要があります。

もし一瞬でも、あなたが相手に関心を持っていないことが伝わってしまったら、2人の関係が親密になるまでにかなりの時間を要してしまいます。関係が親密になれば、自然と相手に興味がわくものです。

「関心がある」ことを伝えるために有効なのは、スピード（テンポ・リズム）と感情を合わせることです。1つずつ説明していきます。

## 1 スピードを合わせる

まず、相手のスピード（テンポ・リズム）に合わせることについてです。

たとえば、相手のテンポがゆっくりであり、少し沈黙ができやすい人なら、あなたはどうしますか。「沈黙＝悪」という意識があると、慌てて、何とか沈黙を埋めようとしてしまうのではないかと思います。

また、相手から何かを質問されたとき、じっくり考えてから返答するタイプの人もいます。そのような相手のときに、矢継ぎ早に、

「いや、深い意味はありませんよ……」
「感覚的でいいですよ……」

と、継ぎ足しで相手に何か答えるように催促してしまった経験はないでしょうか。これは、決して相手のペースに合わせられているとは言えませんよね。

会話は、言葉のキャッチボールとたとえられるように、相手がボールを持っているときは、返ってくるのをじっと待つ必要があるのです。とくに初対面な

どの疎遠な関係性のときは、相手のキャッチボールの力量がわかりにくいので、次のようなことをしてしまいがちです。

・相手に早く返球することを催促する
・相手はゆっくり投げているのに、あなたは剛速球ばかり投げる
・相手が1球投げる時間で、あなたは3球くらい投げている

もちろん、このような会話は、相手をおもてなししている会話とは言えません。まず、相手のテンポに合わせるためには、会話が始まったら、1球のボールを、今はどちらが持っているのかを意識してください。

そのうえで、相手がゆっくり話す人なら、そのスピードに合わせましょう。

この意識があれば、**テンポによっては少々の沈黙が起きることも正解だとわかるはずです。**

つまり、沈黙を恐れずに、あなたが黙って待つ姿勢こそが、最高のおもてなしになっているのです。

さらに、相手と目線を合わせるためには、テンポだけではなく、声の音程や声量まで合わせられるとベストです。

最初のあいさつは明るく元気よくすることに間違いはないのですが、会話が始まってから、あなたが相手にチューニングしていくことの重要性は、忘れないでください。

もちろん、最初から完璧にできる人なんて誰もいませんから、今の時点で落ち込む必要はありません。徐々に慣れていけばいいのです。

## 2 感情を合わせる

次は感情を合わせることを意識してみましょう。相手の考えや気持ちに思いを寄せて、まるで自分が感じているかのように理解して受け止めることがポイントです。

このような態度で相手と接していると、徐々に関係は親密になり、あなたへの信頼感が高まっていきます。

また、**感情を合わせるためには、非言語的コミュニケーションも重要です。**

「うんうん」「そうなんですね」など相手の気持ちに寄り添うように、あいづちで反応していきましょう。これだけでも、「あなたの気持ちを理解していますよ」ということが相手にも伝わります。

すると、相手は自分が大切にされていることに気づき、あなたに安心感を抱き、リラックスすることができるのです。

相手に対してなかなか関心を抱けないときは、まずは、関心を抱いているように見せてみましょう。そうして相手と少しずつ親密になれば、相手の新しい一面を知ることができ、そこに関心を抱けるかもしれません。

「雑談しない」という切り札は持ちつつも、極端に関係を割り切るのではなく、少しずつ距離を近づけてみてほしいと思います。

# 心地よさを感じさせる質問

## 相手の「話したい欲」を満たす

観察力と関心力を身につけたら、次は**「反応する力」**です。

相手の話を聞きながら、適切な反応をすることで、「あなたに関心があります」というメッセージをより強く伝えることができます。

人は自分の話を聞いてもらえたときに、心地よさを感じます。おそらく、大半の人が「自分を表現したい」「自分を受け入れてほしい」と思っているのではないでしょうか。

しかし、大人なのでTPOをわきまえたら、相手もペラペラと自分の話ばかりすることは現実的にはありません。だからこそ、おもてなしとしてのあなたの役割は、相手に話をしてもらうような流れを作ることです。この流れこそ、いい反応であり、それを作れる人がおもてなし上手な人なのです。

その流れを作る雑談をするには、「質問」が必要になります。

## 「クローズ」と「オープン」は使い分ける

質問には「クローズな質問」と「オープンな質問」の2つがあります。この2つの違いをここで簡単に説明します。

「クローズな質問」とは、質問したときに、相手が「はい」か「いいえ」の2択で答えられるような質問のことです。たとえば、次のような質問になりますね。

A「スポーツをするのが好きですか？」

B「はい。好きです」

一方で、「オープンな質問」とは、英語でいうところの5W1Hを使った質問のことです。つまり「何？」「いつ？」「どこ？」「なぜ？」「誰？」「どのように？」を使った質問です。

A「何のスポーツが好きですか？」

B「サッカーが好きです」

この2つの会話を比べたとき、どちらがより相手の情報を得られるかは明らかです。オープンな質問をすれば、より密度の濃い情報が聞けるので、そのあとの話を広げていくのにも役に立ちます。

そのため、おもてなしを目的とした雑談では、オープンな質問を使うことが基本になります。

ただし、**オープンな質問を雑談の序盤で繰り返すことは、あまりおすすめしません。**

まだ相手との関係が疎遠で、数分程度の軽い雑談のときは、オープンな質問にこだわる必要はありません。むしろ、「はい」や「いいえ」のような2択で答えられるようなクローズな質問のほうが、相手の負担が少ないため、適しているとも言えます。

また、クローズな質問によって、相手の話のペースをつかむことができるというメリットもあります。そのうえで会話が弾んでくれれば、オープンな質問によって、少しずつ相手との距離を縮めるのがいいのです。

最初から相手のふところに入るようなオープンな質問では、相手が答えたくないようなことを質問しているリスクもあるのです。相手の答え方などを観察して、この話題を次に広げていってていいかを判断してください。

まずはクローズな質問を会話のきっかけに利用して、その後オープンな質問を使って話を展開する流れが自然であり、おすすめです。

とくに、オープンな質問をするときは、「いつ」や「どのくらい」などの数字で返せるような質問ならば、相手も答えやすく、お互いのイメージがそろいやすい利点があります。

A「ここまでは、地下鉄で来たのですか？」
B「そうです（地下鉄で来ました）」
A「○○線ですか？」
B「そうです。××から乗り換えてきました」

A「そうなんですね。どれくらい時間がかかりましたか?」

B「1時間弱くらいですね」

このように1つのクローズな質問から始まって、その話題を深掘りしていく方法のコツは、**具体的に相手が行動している姿を、頭のなかで映像として想像することです。**

たとえば、今回の話題であれば、相手が地下鉄に乗っている姿を想像してみてください。そして、その想像が正しいのかどうかを相手に確認していくように質問をしてみます。すると、自然と話題を深掘りする形になっていたり、新しい話題を引き出したりすることができています。

A「どの駅から乗ってきたのですか?」

B「○○駅から乗り換えてきました」

A「電車は学生さんでいっぱいじゃなかったですか？」

B「中間試験なんですかね。たくさんいましたね」

A「このコロナの時期ですので、立っていても、つり革を持つのをためらいませんか？」

B「そうですね。ただ、私はこけるのが怖いので、つり革は持つようにしてます。もちろん、そのあと意識して手洗いと消毒しますけどね」

このように話を展開していけば不自然さもないし、不必要に会話がストップすることもありません。

質問は、とくに関係性が浅い相手なら「クローズ↓オープン」の流れ、相手の行動を映像でイメージすることがポイントになります。

## 不快にさせない質問のマナー

質問は会話を広げるために必須ですが、場合によっては相手を困惑させたり、不快な思いをさせたりすることもあります。そうならないために、質問をするときは、次の3つのマナーを守る必要があるのです。

①質問は、ふんわりとした言葉でたずねる
②同じテーマでの深掘りの質問は3回まで
③質問したあとは、相手の発言を待つ

では、これらに関して1つずつ説明していきたいと思います。

## 1 質問は、ふんわりとした言葉でたずねる

1つ目のマナーとして、**最初から答えが固定化・具体化されているような質問は避けるようにしましょう。**

とくに、先ほど説明した5W1Hを使ったオープンな質問の中でも「どのように」と「なぜ」以外は、答えがとても具体的になってしまう可能性が高いので注意が必要です。

たとえば、

「この会議が終わったあとは、〝どこに〟行くのですか？」

という質問はいかがでしょうか。この質問をされると「B社です」と具体的に答えなければいけない雰囲気もありますよね。しかし、相手としては、あまり答えたくなければ「C町のほうまで行きます」と、少しはぐらかすこともあるでしょう。

相手がはぐらかしたことがわかるような雰囲気になると、少し気まずくなってしまいます。相手に余計な気を使わせているので、おもてなしの雑談には反してしまうのです。

このように、いきなり相手に具体的な答えを求めるような質問の仕方は避けるのが無難です。相手が、質問に答えたくないと思っている可能性も忘れないようにしましょう。質問をするときは、相手に逃げ道がある質問をすることがマナーになります。

そこでおすすめなのは、**「どのような？」「どのように？」「どちらに？」**といったワードです。ふんわりとした質問をするように心がけることで、先ほどの質問は次のようになります。

**「この会議が終わったあとは、どのようにお過ごしになりますか？」**

**「この会議が終わったら、どちらに向かうのですか？」**

この質問の仕方であれば、先ほどの「どこに行きますか？」よりは柔らかい質問になると思います。それによって相手が「B社です」でも「C町のほうまで行きます」と答えても、そこに違和感は生まれません。

つまり、相手がどのような答え方をしてもＯＫになるような質問の仕方こそが、最高のおもてなしなのです。もちろん、ここから相手の返答次第で、より話題を深掘りして、話を広げていくこともできます。ただ、そのようなときでも、できるだけ相手に限定的または具体的な答えを求めるような聞き方はしないように注意をしてください。

## 2 同じテーマでの深掘りの質問は3回まで

2つ目のマナーとして、**同じテーマの中での質問は3回までにしましょう。**

途中で話題が変わっていくなら問題ありませんが、1つのキーワードに固執して、そればかりを深掘りしていく行為は、質問ではなく尋問になってしまいます。たとえば、次のような会話を続けたら、あなたはどのように感じるでしょうか。

A「こないだお話ししていた、社内の山登りのイベントどうでしたか？」

B「思った以上に参加者もいて、盛り上がりました。ただ普段の運動不足もあって、翌日は筋肉痛で大変でしたね」

A「なぜ今回、山登りに参加しようと思ったのですか？」①

B「普段の運動不足もあったので、その解消になればと思ってですね」

A「頂上までどれくらい時間がかかるのですか？」②

B「出発して、休憩ありで3時間くらいでしたね」

A「山登りってどれくらいの人数で参加するのが適切なんですか？」③

B「どうなんでしょうね、今回は社内から10人が参加しました」

A「山登りって準備が大変なイメージですが、実際どうでしたか？」④

B「そうですね、たしかに荷物が多いので準備は大変でした」

A「山登りの魅力ってどんなところですか？」⑤

B「自然と触れ合えるところでしょうか……」

このように4回、5回と「山登り」をテーマに深掘りされ続けると、さすがにくどくて、息苦しくなります。多くても3回までがマナーだと思っておきましょう。

たとえば、今回の例であれば、相手の返答の中に含まれる「運動不足」というキーワードから、「今までは何かスポーツなどされていたのですか?」のように話題にグラデーションをかけて、徐々に話を変えていくほうが自然ですね。

ほかにも、「社内のイベント」というキーワードから「ほかにどんなイベントがあるのですか?」と広げることができます。

1つの話題に固執することなく、徐々に話題をずらしながら質問することを意識してください。

## 3 質問したあとは、相手の発言を待つ

3つ目のマナーとしては、**質問したあとは、口を閉じておくことです。**

あなたが質問をしたあとに、相手が返答を考えたりするために沈黙することがあります。そのときに、ついついマナー違反をしてしまいがちです。この沈黙に耐えられずに、あなたが別の質問を追加したり、慌てて補足の質問をしてしまったりする場面があります。これは、前にお話しした「聞くのが苦手な人」の特徴でもありますね。

たとえば、次のような会話をしたことはないでしょうか。

A「御社の近くに、大きな商業施設がオープンしましたけど、どのような感じですか？」

B「うーん……」

A「いや、混み具合とかですよ。賑わっているのかなぁと思って……。テレビとかでも、オープン前からかなり特集も組まれて放送されていたので、気になっていて、いや、わかる範囲で十分ですよ……」

１４９ページでもお話ししましたが、あなたが質問をしたあとというのは、キャッチボールでいえば、相手がボールを持っている状態です。その状態のときに、あなたがさらにボールを投げることは、マナー違反になるのはわかりますよね。相手からの返球があって初めて、対応することが求められるのです。沈黙に慣れていない人ほど、このマナー違反をしがちなので十分に注意してください。

# 自然と話が続く「オウム返し」と「要約」

## 「オウム返し」はキーワードを拾うだけ

質問をすること以外に、相手の気持ちに寄り添った雑談をするためには、**「オウム返し・要約」**をすることも大切です。

これは、話を聞いているとき、典型的な「はい」などのあいづちだけであれば、会話も一辺倒になってしまうからです。相手からしても「本当に伝わっているのかな」と不安になってしまいます。

そこで、あいづちの代わりに、相手の話をオウム返ししたり、要約したりして「しっかり聞いていますよ」ということをアピールしてみてください。話のキーワードをオウム返しすることで話を広げていくと、そこが起点になり、次からの話の方向性をお互いに認識できるメリットもあります。

A「先日、後輩が転職をして、夢だったフレンチのお店でシェフになったんですよ」
B「フレンチのシェフですか」
A「そうなんですよ。違う業界への転職はなかなか勇気がいりますね」
B「転職は、ほんとに勇気がいりますよね」
A「転職の経験ってありますか？」
B「私は同じ業種でしかないのですよ。Aさんはありますか？」

このように、あなたが新しく話題を見つけなくても、直前の会話からキーワードを拾ってオウム返しするだけで、自然と話にテンポが生まれてきます。短い時間の雑談であれば、オウム返しだけでも十分に成立します。

## 「要約」は感情の動きを取り上げる

ただ、少し雑談の時間が長くなってくると、オウム返しだけでは対応できません。相手も「自分ばかりしゃべっちゃってるな……」と不安になってきます。そこに、ちょっとした要約を入れるだけで、相手の不安は解消されるはずです。ただ、オウム返しと違って、要約は難しく感じるのではないでしょうか。そこで、要約するときのポイントを説明したいと思います。

まず、話を聞いたときに、**「どんな話だったのか」を相手の感情を入れて一言で表現してみましょう。**決して難しく考える必要はなく、簡単な一言です。たとえば相手から、コンビニのくじ引きで3等が当たった話をされたとします。これを一言で表すなら、「運がよかったラッキーな話」「日々の小さな幸せの話」などになるのではないでしょうか。

ここで大事なのは、悲しい話なのか、楽しい話なのか、嬉しい話なのか、驚いた話なのかという、相手の感情を把握しておくことです。相手の話し方や表情などから、一言でいえば、どのような感情を抱いた話だったのかを理解して要約しましょう。

感情が話の核になりますが、そこに肉付けするために、次に注目するのは**固有名詞**です。固有名詞が出てくると話の骨組みになりやすいので聞き逃さないようにしましょう。お店の名前や地名など、ここをつかめると要約だけでなくオウム返しにも役立ちます。

そして次は、話のメインに照準を絞って、**「いつ」「誰が」「どこで」「何を」「どうなった」**を意識してください。ちなみに、話のメインというのは、最初に一言で表すならで考えた、相手の感情が動いたシーンです。

相手の話を聞くときは、これらの点は聞き逃さないように力を入れて聞く必要があるのです。そして、要約をするときは、あなたの意見や価値観を含ませないようにしましょう。あなたの感情を伝えるときは、要約には混ぜずに「あなたの気持ち」として伝えるようにしてください。

これだけで、相手はしっかり話を聞いてくれていることに安心して、信頼感が高まっていくでしょう。

# 興味がわかない雑談の区切り方

## 退屈さが伝わる前に切り替える

ただ、残念ながら、毎回のように相手から興味を持てるような話をしてもらえるわけではありません。雑談というのは扱うジャンルが広いので、どうしても興味を持てないことがあります。

ただし、あなたが退屈そうにして興味がない様子が伝わってしまうと、相手との心の距離はどんどん離れてしまい、それ以降、相手と何をやっても関係がギクシャクする可能性もあります。

そこで、そのようなリスクをできるだけ減らすために、次のような**「話題を**

**変える対処法」**を、ぜひとも覚えておいてください。

## 1「ところで」

たとえば、相手が場を盛り上げようと思ってか、誰かの噂話や性的な話などをしたとしましょう。これらが、あなたにとっても不都合な話題であれば、共感することはできないので、思い切って話題を切り替えてください。

そこでまずおすすめしたいのが、「ところで」という接続詞です。避けたい話題が続いていたら、1つキーワードを取り上げて、「ところで○○っていうお店は行ってみましたか?」のように場面転換して、別の話題に切り替えてしまいましょう。

もちろん、このワードを使って「ところでお時間大丈夫ですか?」と雑談を終わらせる合図を出してしまうのもいいと思います。

## 2 「そういえば、1ついいですか？」

おもてなしの雑談をしていると、相手が気分よく自慢話を延々とすることもあります。もちろん、あなたにも我慢の限界がありますよね。

このようなときは、「○○さんみたいにできる人いないですよ！」「すっかり聞き入ってしまいましたが……」などの言葉で相手をほめるワンクッションを置いて、すぐに「そういえば、1ついいですか？」と話題を変えるような提案をして、話の主導権を握ってください。

そして、今までの自慢話とはまったく関係ない話題に切り替えてしまいましょう。このときは話題のグラデーションは意識せずに、ズバッと今までの話と脈絡がないような話題にしても〇Kです。

# 大人数は雑談トレーニングに最適

## 場の流れは人任せでいい

ここまで、雑談における話の聞き方について説明してきました。

ただ、やはりコミュニケーションとは実践を積まなければ慣れることはできません。

そこで、話を聞くトレーニングとして、とっておきの場所を紹介したいと思います。

それは**3人以上の複数人で雑談している場面です。**

1対1なら話せるけど、複数人で雑談することは苦手と感じる人もいると思います。じつは、話を聞くトレーニングの場所として、複数人での雑談は最適なシーンなのです。

まず、複数人でのコミュニケーションとなれば、リーダー的な役割の人がいるので、その場をコントロールする度合いは、全員が同等ではありません。つまり、会話をリードしていくような人もいれば、耳だけ傾けているような人もいます。あなたが全力で頑張らなくても、誰かが話をしてくれるので、力を抜いて自分のペースでその場に参加することができるのです。

あなたが、自分の話し方をそこまで意識することなく、**「聞き方」に集中できる絶好の場所になります。**

もし、あなたがうまく振舞えなかったとしても、他の人が別の話題でその場の雰囲気をカバーしてくれる可能性を考えたら、何も恐れる必要はありません。
さらに、もしうまくいかないと思うことがあっても、その場全体の雰囲気のせいになるので、あなたと誰かとの対人関係への影響度は、1対1のときよりも小さくなります。失敗することを気にせずに、取り組めるはずです。

今後大人数で雑談する機会があったときは、まずはあれこれと欲張らず、「要約を入れる」や「質問をする」など、聞き方の中で1つ課題を決めて参加してみてください。きっと、これまで苦痛を感じていた大人数の雑談が、わくわくするものに変わってくるはずです。

Column 6

# 「観察力」を鍛える無音動画トレーニング

おもてなしを目的とした雑談には、相手がどのような感情で話しているのかを察しながら聞くことが重要です。ここでは、少なくとも相手の気持ちが、ポジティブなのかネガティブなのか判断できるトレーニングを紹介します。

映画やYouTube動画などの映像作品を、一部分でいいので、無音で見てみてください。当然ながら、話者が何を話しているのかはわかりません。つまり、非言語的要素から、どのような感情の話なのか想像する必要があるのです。観察して自分の答えが出たら、それが正しいかどうか音を出して答え合わせをしてみましょう。

トレーニング自体は難しいものではありません。しかし、これを繰り返すことで、「表情や身振り手振りに注目する」というクセを身につけることができるのです。

音を聞きにくい時間を
有効活用するのがおすすめ

# ステップ 5

# 積み上げた信頼を崩さない話し方

## 「話し方」は大失敗さえしなければいい

### 「話す」はリスクを抱えている

最後のステップでは「話し方」を取り上げます。じつは、ステップ1で雑談の目的を明確にして、ステップ4までの「自己開示」「話題」「聞き方」をマスターすれば、もう雑談にストレスを感じることはないでしょう。

ただ、会話というのはキャッチボールなので、ずっとあなたがしゃべらないわけにもいきません。では、ストレスのない雑談において、話し方では何を意識すればいいのでしょうか。

それは、**大失敗をしないことです。**

ここでの大失敗とは、あなたの発言によって、相手を傷つけて、今まで積み重ねてきた信頼関係が崩れてしまうことです。「失言」という言葉があるように、「話す」という行為は、リスクを抱えているのです。

しかし、雑談が苦手な人ほど、自分が話をしているときに大失敗していることに気がついていないケースも往々にしてあります。

そこで、ここからはまず、どのようなことが、雑談の大失敗になってしまうのかを説明していきたいと思います。

# しゃべりすぎをなくす方法

## しゃべりすぎてしまう2つの心理状態

雑談の大失敗につながるのは、しゃべりすぎるときです。

しゃべりすぎる人の中には、自分の感情や考えを全部吐き出して、相手に話を聞いてもらうことで、ストレスを発散しているような人もいます。しかし、本書を読んでくれている雑談が苦手な人は、このタイプではありませんよね。

おそらく、しゃべりたくて話を続けているのではなく、**自分でも混乱しながら、言葉を発してしまっているのではないでしょうか。**そうすると、言わなくてもいいことを発言するリスクが高まってしまいます。

雑談が苦手と感じる人がしゃべりすぎてしまうのは、主に次の2つの心理状態のときなのです。

## 1 承認欲求が強まっているとき

1つ目は、相手に自分自身のことを知ってもらいたいときです。認めてもらいたいとき、いわゆる**「承認欲求」が強まっているときになります。**

とくに、自分に自信が持てないときは、ついつい自分を大きく見せてしまいます。価値のある人間だと認めてもらいたい気持ちが強くなるのです。雑談の相手によっては、好かれたい、嫌われたくない、と強く思いすぎてしまうこともあるでしょう。

このようなとき、つい自分の得意な分野の範囲で、大げさに自分が有能で素敵な人間であるかをしゃべりすぎていることがあります。もしその話が、相手が興味のない分野であれば、退屈で仕方ない時間となるでしょう。

仮にその話に相手が興味を持っていたとしても、あなたに対しては、うぬぼれが強く不誠実な人だと感じるだけです。

つまり、どのみち相手からはネガティブな印象しか持たれないのです。

## 2 沈黙を恐れているとき

2つ目は、**沈黙に恐怖を感じすぎているときです。**

沈黙することを極端に恐れるあまり、必要以上にしゃべりすぎてしまったことはないでしょうか。このような人は、ある意味、相手をよく観察しながら頑張って話をしているのだと思います。相手からポジティブな反応が出るまで、延々と話題や表現を変えながら、なんとか話を続けて間を持たせようとします。

しかしその話には、まとまりがなかったり、同じ話を何度も繰り返していたりするので、決して相手にとって心地がいい時間にはなりません。

しゃべりすぎる人の2つの場面を提示しましたが、あなたがしゃべりすぎることは、相手にとってネガティブな結果にしかつながらないことを理解していただけたかと思います。

また、**あなたがしゃべりすぎたぶん、相手が話をする時間を奪ってしまっていることを、忘れてはいけません。**相手があなたにどうしても伝えたいことがあったのに、時間がなくて話せなくなり、不満を抱えてしまうこともあります。

これは、おもてなしを目的とした適切な対人行動と言えないのは、明らかでしょう。

## 自分の話は10秒以内

やはり、おもてなしを基本とした雑談は、よく話を聞くことが大前提なので、できる限りあなたが話をする時間は短いほうがいいのです。

では、具体的には、1回のあなたの話の時間はどれくらいに収めるべきなのでしょうか。

アメリカの大手通信社であるAP通信が、2012年に実施した調査によると、18～45歳の成人の集中力持続時間は、**平均で8秒**であったことを報告しています。

この数字に驚かれたかもしれませんが、テレビCMが15秒で作られることが多いと考えると、そこまで大きく外れていない数字だと思えるでしょう。つまり、ダラダラとあなたが話をしすぎても、相手の集中力はすでに切れており、耳には届いていても、頭では理解されていないのです。

このように考えると、**あなたが1回で話をする時間は、10秒以内が最適といえます。**

もちろん、あなたの話をすべて10秒以内で伝えることができるわけではありません。ときには自己開示をして、結論を述べたり質問をしたりすることもあるので、それなりに時間が必要になることもあります。

もし10秒を超えそうならば、10秒を1つの単位にして、話を組み立てることを意識してください。

たとえば、30秒ならば10秒×3の意識で「序論・本論・結論」を、40秒ならば10秒×4の意識で「起・承・転・結」を、バランスよく組み立てるイメージです。

あくまでも目安なので、厳密に守る必要はありません。しかし、相手の集中力などを考慮して区切りをつけることで、あなたが少し長い時間話をしても、相手の負担はずいぶんと少なくなります。

## 雑談に結論はいらない

「起・承・転・結」の説明をすると、「〝結〟は、最初に伝えたほうがいいのだろうか?」と考える人もいるようです。

たしかに、ビジネスの世界では、「まず何よりも、結論から述べる」ことを教えられているかもしれません。

しかし、**そもそも雑談というのは究極の無駄話であり、常に結論を意識しないとダメなものではありません。**

話に結論という着地点があれば、盛り上がりやすくなることはたしかだと思います。しかし、おそらく大半の人は、そのような話術を持っていないし、そうそう簡単に身につくようなものでもありません。結論を出すことに固執するのは危険なのです。

雑談は、意見を発表するようなプレゼンテーションや、意見をぶつけ合うようなディスカッションとは違います。次のように結論をぼかしたり、曖昧にしておくことも十分に許されることを覚えておいてください。

Ａ「朝食は毎朝食べていますか？」

B「毎朝、パンを食べていますよ」
A「そうなんですか！　私はごはん派なんですよ」
B「好みが分かれそうですが、体にはどっちがいいんでしょうね」
A「どうなんでしょうね。食べないよりはいいって感じじゃないですか」
B「そうですね」

もちろん、雑談だからこそ、1つのテーマから話題がどんどん脱線するときは、いくらでもあります。そのプロセスを楽しむのも、雑談の魅力ではないでしょうか。無理やり結論づけて話をしてしまうと、相手にその意見を押し付ける危険性もあるので、注意しなければいけません。

たとえば、さっきの例だと、

「ごはんはパンと比較して、添加物が入っておらず、脂質の量も圧倒的に少ない。それに、パンとごはんなら、おかずも全然違ってくるでしょう。パンのときのおかずはベーコンとかもよく使われて、カロリーも高くなりがち。だから、体のことを考えると、朝食はごはんが正解ですよ」

のように、結論を出しても、相手は決して心地がいいとはいえないでしょう。

雑談は、相手との言葉のキャッチボールなので、独りよがりな結論を出して終わらせるよりも、相手に疑問などを投げかけて、お互いに歩み寄っていくことのほうが大切なのです。**雑談において相手が求めているのは、オチではなく、心地いい雰囲気なのです。**

# 余計な一言をやめる

## たった一言で信頼関係は崩壊する

さらに、話し手になったときに大失敗しがちなのは、**余計な一言**を言ってしまうことです。

もちろん、本人としては悪気がないかもしれません。しかし、その一言によって、相手からの印象はとても悪くなり、今まで積み上げた信頼関係がすべて崩壊することもよくあります。

そこで、ここからは、あなたがつい使ってしまいがちな余計な一言の3つを紹介したいと思います。まずはこの3つを言っていないか、自分に問いかけてみてください。

## 1 謙遜しているつもりの「〇〇でいいですよ」

この一言は本人からすれば、謙遜したつもりかもしれません。しかし、相手からすれば「仕方がないから、嫌々選んだ……」のようなニュアンスに伝わります。

たとえば、次のようなやり取りのとき、あなたはどのような印象を持つでしょうか。

A「大阪に来てもらったので、案内しますよ。何が食べたいですか?」
B「お好み焼きとかの粉ものでいいですよ」

もしかしたら、Bさんとしては、相手に気を使わせないように「定番のものをいただきたいです」という意味で発した言葉かも知れません。しかし、Aさんからしたら、せっかくのおもてなしの気持ちが、とても軽んじられているようにも聞こえますよね。すると、今後Aさんは、Bさんに対してポジティブな気持ちを持ち続けるのが難しくなるでしょう。

あなたが、このような余計な一言で、相手を傷つけないために、日常的に**「○○でいいですよ」は一切使わないようにしましょう。**この表現が最適である場面は、日常には存在しません。もし、このような表現をするときは、謙遜ではなく「○○がいいな」と、あなたのストレートな意思表示をするように心がけてください。

## 2 有能アピールの「逆に」

これは余計な一言というよりは、口ぐせに近いかも知れません。本人も気がついていないことが多いのですが、この表現は、意外にも相手を不愉快にさせてしまうことがあります。

「逆に」という表現を使う本人からすれば、相手の話を要約していることや、聞いていますよというアピールだと思っている節があります。

ただ、相手の話を聞いているアピールだとしても、「逆に」という表現は、相手と同じ側面ではなく、あえて違う側面から見ていることをアピールしているのです。

これは、**深層心理で「私は他人とは違いますよ」「私は有能ですよ」との思いがあり、そんな自分を評価してほしいという欲求の表れです。**これを何度も聞かされる相手からすれば、不愉快なのは言うまでもないでしょう。

さらに、本人の言い分を論理的に分析してみると、要約しているつもりでも、まったく「逆ではない」ことが多いのです。つまり、日本語として単純に不適当なのです。

もし、このような口ぐせが思い当たるなら、もう「逆に」という表現は使わないようにするのが無難です。

そもそも、相手の話に対して、肯定的なのか否定的なのかもわかりにくい表現です。相手をイライラさせる可能性もあるので、1つもいいことがないキーワードになります。

## 3 「太った？」など容姿に関する指摘

久しぶりに会った相手に対して、平気な顔で「なんか疲れてませんか？」と言ってしまうような人は、相手を傷つけている可能性が高いです。ほかにも、「太った？」「肌荒れてますね」「健康診断でひっかかりませんか？」なども、相手の見た目についての無神経な発言です。

このような人は、心配しているつもりでも、相手に対する配慮が欠けてしまっています。常に自分のことにしか興味が持てず、自分の感情や考えを頭の中で何も吟味することなく、そのまま発言してしまっているのです。

オブラートに包んで「マイペースな人」と表現されることもありますが、相手からすると、ただの悪口にしか聞こえません。

ただ、このような無神経な発言をする人には、自覚症状がなく、改善までに時間がかかります。「私はこんなこと言っていない」と思った人も、これまでに一度も言ったことがないとは言い切れないのではないでしょうか。

まずは、**もしかしたら無神経な一言を言っているのかもしれない、と考えてみることから、始めてほしいと思います。**

無神経な一言を予防するには、しっかり相手を観察することが必要であり、一度相手の立場に立ってから発言することが一番効果的です。最初のうちは、思ったことや考えたことを、頭の中で何のフィルターも通さずに話すことをやめましょう。発言する前には、「もし自分が同じことを言われたら、嫌じゃないか？」と自分に問いかけてから発言するようにしてください。

## 謝罪で「余計な一言」は絶対ＮＧ

これらの余計な一言は、今までの信頼関係を壊すほどの破壊力があります。ただし、誰しも人間なので、ついこのようなことをやってしまう可能性はありますよね。

そのようなときは、素直に心から相手を傷つけたことを謝罪するのが大切です。ただし、つい余計な一言を言ってしまう人は、その謝罪のときにでも、余計な一言を言っていることがあります。本人としては真剣に謝っているつもりなのに、周りをイライラさせていることがあるのです。

たとえば、謝罪しているのに、つい弁解したり、正当化したりしていません

か。ちなみに、弁解とは、

「気分を害することを言ってしまって、申し訳ありませんでした。でも、本当にそんな気持ちにするつもりはなかったのです」

のような言い方であり、ちょっとでも責任を逃れようとするスタンスがにじみ出てしまっているのです。

また、正当化とは、

「たしかに、私も申し訳ないところはあったけど、ほかの人も同じように言うこともありますよね」

という社会的比較で、部分的には自分の責任を認めるものの、そこまで非難されるようなことはしていない、と言いたげなスタンスが含まれます。これでは、相手は心から謝罪されたような気持ちになれないのです。

余計な一言を言ってしまったと思ったら、まずは謝罪。そしてその謝罪でも、余計な一言を言っていないか意識していきましょう。

# 悪口は
# ハイリスク・ハイリターン

## 影響が強い「秘密の共有」

さらに、あなたが話し手になったとき、大失敗しがちなのは、**悪口やゴシップをネタにしてしまうことです。**

もちろん、これは、目の前の相手に対するものではなく、芸能人や共通の知人に対して、向けられるものです。このような小さな愚痴は、関係性が浅い相手とも一瞬で打ち解ける、強力な武器だと感じたことがある人もいるのではないでしょうか。

A「うちの社長ケチなんですよ。一緒に飲み会に行っても、割り勘ですよ」
B「えぇ、そうなんですか。気前よく出してほしいですよね！」
A「そうですよ！　私なんて安月給なんですから。でも、これ社長には秘密でお願いしますよ」
B「はい、もちろんです！」

もしかしたら、今まであなたもこのようなやり取りをしたことがあるかもしれませんね。たしかに、和気あいあいとした、楽しそうな雰囲気に見えます。

ちなみに、これは**秘密の共有による心理効果**で、誰にも言えないことを伝えることは、相手に特別な感覚を与えることができるのです。また、秘密を打ち明けられた相手も、「自分はそれだけ信頼されているのだ」という仲間意識が芽生えて、さらには承認欲求も満たされます。

加えて、特別なことをしてもらったという気持ちから、自分もそれと同等レベルの秘密をお返ししないとダメだと思う返報性の原理も働くのです。

## リスクを避けるかわし方

このような話を聞くと、悪口などの秘密の共有というのは、雑談の場面では相手のパーソナルスペースに入ることもできるし、とても強力な武器のように見えます。

しかし、まずこの方法を活かすには、相手との対人関係がある程度、親密でないと危険です。関係性が浅い人に対して、誰かの愚痴などを言っても、相手からすれば重たい内容と捉えられることもあります。

それだけではなく、相手との距離感がどうであれ、最終的にはその秘密を暴露される可能性もあります。つまり、それだけのリスクを負うことは覚悟のうえで使うテクニックになるのです。

もし相手が悪口を話題にしたときには、同調しすぎないように注意してください。時間が経ってから足をすくわれたりする可能性もあります。

もし、相手から誰かの悪口を共有されそうになったら、「この間ご一緒したときは、そのように見えなかったなぁ」などのように、さりげなくフォローしましょう。もしくは「それは、大変でしたね」と目の前の相手の気持ちに焦点をあてて、そっと寄り添うような言葉をかけるようにしてください。

悪口は心理的にも、相手に特別感を与えることができますが、**それに対するリスクが大きすぎるのです。**そのため私は、小さな愚痴を言う相手は心を許した友人や家族に限ることをおすすめします。

# 自分の話で楽しんでもらうコツ

## 相手への問いかけは遠慮しない

あなたが雑談の中心になっているとき、自分の話で盛り上がると嬉しいですよね。相手と楽しく雑談を盛り上げるには、もちろん自分ばかりが話していてはいけません。ときには相手に話を振って、反応を得る必要があります。

そのとき、「こんなこと聞いて失礼にならないかな」というような心理が働いてしまうことがあります。この心理によって、まるで口ぐせのように、質問をするたびに、

「答えにくいことかもしれませんが……」
「無理に答えなくてもいいのですが……」

などと前置きをしてしまうのです。

おそらく、本人からすれば、相手が気を悪くしないように、逃げ道を作っているおもてなしのつもりなのでしょう。もちろん、1回2回くらいならば問題はありません。しかし、口ぐせのように毎回の質問で言うと、さすがに相手も「なんかすごく遠慮されてる……」と、心理的な壁を感じてしまいます。

そのような前置きをしなくても済むように、自分の話を広げるために相手に質問を投げかけるときは、次の2つのポイントを意識してください。

### 1 相手の名前を入れる

まず1つ目は「○○さんは、どうですか?」や「○○さんは、違いますか?」などのように、**相手の名前を入れることです。**

これは、名前を入れることで相手との距離が近くなり、会話を弾ませるきっかけになるからです。

さらに、名前を入れることで、「あなたの意見を聞きたい」という姿勢をはっきり伝えられるメリットもあります。相手の名前を入れるだけで、質問の効果を数倍にも高められるのです。

## 2 反論の余地を残す

2つ目のポイントは、ふんわりとした「どうですか?」や「違いますか?」のような表現を使って質問することです。

このような質問をすることで、**反論の余地を残すことになります。**

もし相手が、あなたと違う考えを持っていたとき、相手が言い出しやすいような質問にする工夫が必要です。決して「〇〇さんも、私と同じですよね?」

というように、同調圧力をかけないように注意してください。

## 相手に話を〝広げさせる〟

話を広げるときに、あなたから相手に質問するばかりでは、バランスが悪いですよね。

そこで、ここからは、相手からあなたに質問をしてもらうように仕向ける方法を説明したいと思います。一見難しいように思われますが、じつは単純な仕掛けを作ることで、それは可能になります。

人間が質問をしたくなるときは、どのようなときなのでしょうか。

それは、**自分が考えていることと目の前に起きていることに違いがあるときです。**つまり、ギャップがあるときなのです。

たとえば、相手の人が１９０㎝の高身長の男性であったとしましょう。そのような人を見たとき、あなたは相手がどのようなスポーツをやっていたかと考えを巡らせるでしょう。

ただその直後に、相手から「学生時代はいつも文化部でした」と言われたら、どのように感じますか。恐らく、あなたは「え？　この恵まれた体格で、運動部じゃないの？」や「色々な部活から勧誘されたでしょ？」「そもそも、いつ身長が伸びたの？」と気になることがいっぱい頭に浮かんでくると思います。

まさにこのように、**「○○だけど、××」**という構文のギャップを持つことが、質問したくなる要素なのです。

つまり、相手から質問をさせるには、あなたの話の中で、いかに「○○だけど、××」と頭に浮かべてもらうかが勝負になります。

たとえば、私の知り合いの精神科医の方は、名刺の名前の横に「血を見るのが苦手……」と書いています。これを見たとき、あなたは「医者だけど、血が苦手」という構文が頭に浮かんでくるでしょう。

このようなとき、あなたは「採血も無理なのかな？」や「そもそも、医者以外の職業は考えなかったの？」「だから精神科医を選んだのかな」と、色々質問したくなりますよね。

もちろん、このような名刺を使わなくても、雑談の中で少しずつ話を誘導していくこともできます。

医者「そろそろ、会社の健康診断の時期ですよね？」
患者「そうです。毎年10月に案内がきますね」
医者「私も同じような時期です。
でも血を見るのが苦手だし、嫌だねぇ……」
患者「え？　血を見るの苦手なんですか？」

このように、ギャップがあることを相手に気がついてもらえるように、そっとキーワードを小出しにするのです。**あくまでも、さりげなさが大切で、ボソッとつぶやくような感覚です。**

どれくらいの割合やスピード感で小出しにしていけば、相手に拾ってもらえるのかは、実践の中でその感覚を磨いていきましょう。

もし、「私にはそんなギャップがありません……」と悩んだ場合は、自分が周りからどのように思われやすいのか、客観的に振り返ってみてください。

先ほどの「〇〇だけど、××」という構文の「〇〇」には、基本的に見た目や雰囲気、職業のイメージなどの要素が入ってきます。そのため、あなたが抱かれやすい印象を認識しておく必要があります。たとえば、「大人しそう」「やんちゃそう」「クールで冷たそう」などです。

そのうえで、ギャップを作るためには、自分の印象とは正反対に感じる特徴

や事柄を「××」に当てはめるのです。すると、

「（大人しそうだけど、）ロックバンドが好きです」

「（クールで冷たそうだけど、）動物園によく行きます」

などのギャップが生まれます。

ちなみに、その「××」には、**ちょっと興味がある程度のもので十分です。**「（やんちゃそうだけど、）最近座禅を始めました」でも、十分雑談として成り立つのです。あまりハードルを上げずに、気楽に雑談を広げるネタを用意してみてください。

## ○相手の「質問してアピール」に気づいてあげる

「相手から質問させるコツ」として紹介しましたが、もともと、**人は触れてほしいことを無意識にアピールしているものです。**

みなさんも、誰かに触れてほしいことを、さりげなくアピールして、相手か

ら質問してもらったことがあるのではないでしょうか。美容院に行った次の日は、やけに髪の毛を触ってしまったりとか。

この性質は、相手も同じです。

たとえば、相手から唐突に「ご出身はどちらですか？」などと聞かれたときは、回答したあとに「○○さんはどちらなのですか？」と聞き返してください。

この場合、相手がその話題で話がしたいと思っていて、小出しにされたキーワードである可能性があります。すると「岡山の人口１５００人の島の出身なんです」といった、インパクトのある答えが返ってくるかもしれません。

**人は、自分が話したいことを話せると、その会話での満足度が高まるものです。**おもてなしとして、相手が話したがっていることを汲み取れると、きっと相手はあなたと話すのが楽しいと思ってくれるでしょう。

Column 7

# しゃべりすぎをストップさせるトレーニング

「しゃべりすぎてしまう」と悩む人は、話を止めようと思っても、自分の意志だけではなかなか改善することが難しいですよね。次のトレーニングを繰り返して、口を閉じるクセを体に刻み込みましょう。

ゴムボール（など、持ちやすい物）を手にして、映画やドラマを見てください。このとき、主人公を自分自身だと思うようにします。トレーニングのルールは3つです。

①主人公が話をしているときは、ボールを手に持つ

②主人公が話をしていないとき（他者が話をしているとき）は、
　ボールをテーブルなどに置く

③ボールを持っていないときは、かならず口をしっかり閉じる

意志と動作を連動させることで、「口を閉じる」行為を体に刻み込みます。繰り返すことで、雑談の場でも話しすぎを防げるようになるでしょう。

① 話をしている時
ワタシが主人公だ

② 話をしていない時
オレは脇役だ

Column 8

# 実践訓練は美容室が最適

雑談は人と人とのコミュニケーションなので、実践を通して経験を積む必要があります。そこでおすすめの相手が、美容師さんです。

美容室では、あなたに担当者がつきますので、1対1の会話のトレーニングに最適の場です。もちろん美容師さんの性格にもよるかもしれませんが、相手もお客さんと雑談しようという意識があるはずです。少なくとも、あなたの雑談しようという思いを蔑ろにされることはありません。もしあなたがうまく雑談できなくても、相手がフォローして気まずい空気にはならないようにしてくれるでしょう。安心してください。

そして、トレーニングとして雑談をするときは、かならず自分の課題を決めてチャレンジしてください。たとえば、「今日はスムーズに自己開示を入れて、途中で話題を変えてみる」などです。そうして少しずつ成功体験を積み重ねれば、「雑談がストレス」の悩みから解放されるはずです。

僕と同じ髪型にしましょ
今日の目標は話題を変えること
しないです

# おわりに

最後まで本書を読んでいただき、ありがとうございました。

雑談とは、あくまでもコミュニケーションの一環であり、そこには対人関係の問題が色濃く反映されます。私が精神科医や産業医として相談を受ける内容も、対人関係のトラブルによることが少なくありません。お互いにおもてなしの気持ちがあれば、ここまで大きなトラブルに発展しなかったのではないかと思うケースはよくあります。このように、コミュニケーションの悩みを抱える人の話を聞いていたので、ぜひ雑談の大切さや考え方などを、たくさんの人に伝えたいなと思っていました。

ただ、実際に書籍を執筆する直前には「本当に私が書いてもいいものだろうか……」と悩んだのも事実です。というのも、そもそも世間の多くの人は、医者が雑談をしている姿は想像しにくいでしょう。どちらかといえば、雑談をする医者に誠実さや品がないとすら感じるのではないかとも心配しました。

しかし、恩師でもある国分病院の木下秀夫先生の診療を思い出すと、その不安は簡単に消し去ることができました。雑談をすることで患者さんと良好な関係を築き、二人三脚で治療をしていく姿からは、雑談の大切さをあらためて学ばせていただきました。

さらに、私のもとに来た相談者さんが、雑談への不安を解消して、自信を持てるようになった姿を見ていたことも、本書の執筆への最後の一押しとなりました。ここでは、その相談者さんの、とくに印象的なエピソードを紹介したいと思います。

その方は、社会人になってから初対面の人と話をする機会も増え、「自分は雑談が苦手だ」とあらためて認識するようになっていました。雑談が必要になるたびに、緊張して頭が真っ白になって、自分でも何を言っているのかわからないほど、しどろもどろになってしまう――。そんなストレスフルな状態のときに、相談にやってきました。

彼にとって一番ショックだったのが、偶然学生時代の友人を見かけたのに、「ここで話しかけても変な空気になるんじゃないか……」と思ってしまい、自分から声をかけられなかったことでした。人間関係を自ら狭めてしまうほど、コミュニケーションに苦手意識を抱いていたのです。

そこから半年、私と一緒に本書でお伝えしたようなトレーニングを少しずつ続けました。決して雑談が得意とまではいかなくても、雑談の場面がきても、不安を感じない思考回路が作られたことで、ストレスを感じなくなるまで変わっていきました。そして1年後には、たまたま誘いのあった高校の同窓会に、明るい気持ちで参加できるようになっていました。

きっと今も、雑談にストレスを感じずに過ごせているだろうと想像しています。私自身も、彼の変わりようを見てきて、本書で伝えてきた内容に間違いはなかったのだと、自信を持つことができました。

本書を読んでくださったあなたも、きっと彼のように変わることができます。雑談に対するストレスをなくし、少しでも生きやすい人生になることを、心から願っています。

井上智介

著者：井上智介（いのうえ・ともすけ）

精神科医・産業医。大阪府在住。

島根大学医学部を卒業後、様々な病院で内科・外科・救急科・皮膚科など、多岐の分野にわたるプライマリケアを学び、2年間の臨床研修を修了。その後は、産業医・精神科医・健診医の3つの役割を中心に活動している。産業医として毎月約40社を訪問。精神科医・健診医としての経験も活かし、健康障害や労災を未然に防ぐべく活動している。

また、精神科医として大阪府内のクリニックにも勤務。うつ病、発達障害などを中心に、精神科疾患全般に対応。

すべての人に「大ざっぱ（rough）」に、「笑って（laugh）」人生を楽しんでもらいたいという思いから「ラフドクター」と名乗り、SNSや講演会などで、心をラクにするコツや働く人へのメッセージを積極的に発信中。著書に『職場の「しんどい」がスーッと消え去る大全』『職場での「自己肯定感」がグーンと上がる大全』（大和出版）、『ストレス社会で「考えなくていいこと」リスト』（KADOKAWA）などがある。

「人《ひと》と話《はな》すのが疲《つか》れる」がなくなる
# ストレス0《ゼロ》の雑談《ざつだん》

2021年5月25日　初版第1刷発行

著　者　井上智介《いのうえともすけ》
発行者　小川 淳
発行所　SBクリエイティブ株式会社
〒106-0032　東京都港区六本木2-4-5
電話：03-5549-1201（営業部）
カバーデザイン　井上新八
本文デザイン　荒井雅美（トモエキコウ）
イラスト　髙柳浩太郎
DTP　アーティザンカンパニー株式会社
編集担当　鎌田瑞穂
印刷・製本　三松堂株式会社

本書をお読みになったご意見・ご感想を
下記URL、または左記QRコードよりお寄せください。
https://isbn2.sbcr.jp/08859/

落丁本、乱丁本は小社営業部にてお取り替えいたします。

定価はカバーに記載されております。

本書の内容に関するご質問等は、小社学芸書籍編集部まで必ず書面にてご連絡いただきますようお願いいたします。

　ISBN：978-4-8156-0885-9